# VIDA Y LITERATURA
# DE VALLE-INCLAN

Valle-Inclán, en 1917.
(Retrato al óleo por Anselmo Miguel Nieto).

MELCHOR FERNANDEZ ALMAGRO

# VIDA Y LITERATURA DE VALLE-INCLAN

EDITORA NACIONAL
MADRID, MCMXLIII

GRÁFICAS UGUINA - MELÉNDEZ VALDÉS, 7 - MADRID

*SINGULARISIMO personaje fué, verdaderamente, don Ramón del Valle-Inclán. Componer la biografía de un héroe antiguo no es mucho más difícil que reconstruir la de este hombre contemporáneo y fabuloso, tan dado a la creación de sí propio y de su mundo, que llegó a reducir mentiras, imaginaciones y caprichos a una superior unidad de vida y obra. Desde otro punto de vista, es posible que para aliviarnos del peso de las cosas—cuanto más entrañables y reales, pesan más—nada sea mejor que fantasearlas. A esta luz, mentir es engañarse a uno mismo, no a los otros, y así se busca el contrapeso a los dolores e insuficiencias de la vida, no precisamente en la negación de la verdad, sino en una estilización, más o menos intencionada, que en ningún caso daña a tercero.*

*"¡Salve, risueña mentira, pájaro de luz que cantas como la esperanza!", exclamó Valle-Inclán en su Sonata de Otoño. Ese pájaro, en efecto, cantó muchas veces junto a él; mejor, dentro de él, mintiéndole no pocas cosas—incluso su nombre, aunque no del todo—, que se resolvieron en la ver-*

7

dad de su arte. Aquilatar esta verdad, en lo posible, y contrastar los pormenores de vida tan categórica—pese al mar de anécdotas en que Valle-Inclán hubo de navegar y de sumergirse a ratos—es nuestro propósito, sin deshacer por completo la extraña armonía en que se trenzaron la fantasía y la realidad. Hemos de buscar a la vez el valor humano que pueda existir en el fondo de la propia farsa que viviera don Ramón, quien no siempre acertó a representar el papel de gran señor que reclamaba un espíritu·como el suyo, de mucha y genuina raza. De favorecerle el tiempo y los hombres, hubiera sido virrey, capitán de tercios, inquisidor. Apenas si lo pudo soñar; pero quiso ser marqués, y tampoco... Toda la fuerza de su carácter se le escapó por la boca y por la pluma. Gracias a este último instrumento de conquista —¡cuántos escritores lo son, profesionalizándose, porque no han podido ser otra cosa!...—, Valle-Inclán gana un principado de plena soberanía en la Lengua y Literatura españolas.

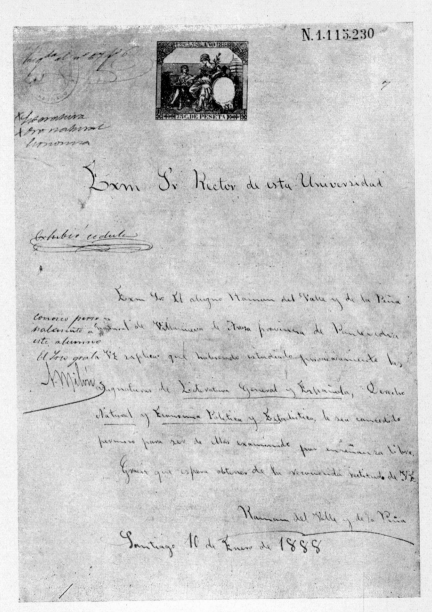

Instancia del estudiante Ramón del Valle y de la Peña, luego Ramón del Valle-Inclán, al Rector de la Universidad de Santiago de Compostela, solicitando ser examinado como alumno libre de determinadas asignaturas,

# RAMON JOSE SIMON

En un galeón de los destinados a hacer la travesía de la ría de Arosa, entre Villanueva de Arosa—provincia de Pontevedra—y Puebla del Caramiñal—provincia de La Coruña—, dijo Valle-Inclán en alguna ocasión que había nacido, secundando tal vez a D'Annunzio en la invención de un raro nacimiento a bordo. Pero no... Nació D. Ramón—Ramón José Simón—en la casa de sus padres, vecinos de Villanueva de Arosa, y sobrevino el suceso en el día 28 de octubre de 1866, siendo bautizado al día siguiente en la iglesia parroquial de San Cipriano de Cálago, perteneciente al Arciprestazgo de Salnés. Padres de la criatura: D. Ramón Valle Bermúdez; madre, D.ª Dolores Peña y Montenegro. Abuelos paternos: D. Carlos, natural de San Lorenzo de András, y D.ª Juana, de la Puebla del Deán. Abuelos maternos: D. Francisco, natural de la Villa de Arosa, y D.ª Josefa, de Santa María de Vigo. Todos ellos de buen linaje.

Siempre se complació D. Ramón en alardear de abolengo, y su porte—en relación con prendas ciertas de orgullo y desinterés—era de los que acreditan vieja raza. Pero es que además lo atestigua un antiguo amigo de la casa, el erudito D. Manuel Murguía—marido de Rosalía de Castro—, al decir en el prólogo de *Femeninas,* primer libro de Valle-Inclán: "... Descendiente de una gloriosa familia, en la cual lo ilustre de la sangre no fué estorbo, antes acicate que les llevaba a las grandes empresas, tiene un doble deber que cumplir. De antiguo contó su casa con grandes capitanes y hombres notables de ciencia y literatura, gloria y orgullo de esta pobre Galicia..." Llegada la ocasión en sus conversaciones, o buscándola a toda costa si hacía falta, no dejaba Valle-Inclán de evocar, nominativamente, sus antepasados, poseído por la voluptuosidad que le producían siempre, dentro de su amor a las palabras sonoras, los apellidos próceres y las dignidades nobiliarias: "D. Antonio del Valle, Comendador de Termonde; D. Tristán de Montenegro, Capitán de las Torres de Pontevedra; D. Payo de Montenegro, señor de Mourente; don Alonso de la Peña, Obispo de Quito..." Y persiguiendo, más que nada, uno de esos efectos, incorporó D. Ramón, tiempo adelante, hombre ya hecho y derecho, a su Valle paterno—familia hidalga, oriunda de Torrijos, en la provincia de Toledo—el Inclán de otra de sus ramas genealógicas, con arranque en el asturiano Concejo de Pravia, reuniéndose en él definitivamente—pues ya lo había tanteado su padre—los apellidos de uno de los antepasados que más le ufanaban: don Francisco del Valle-Inclán, Rector que fué de San Clemente, en Santiago, y Oidor honorario de la Real Audiencia de La Coruña; hombre de muchas letras, que a principios del siglo XIX publicaba en Santiago una revista titulada *El Cantón Compostelano,* desde donde polemizó con D. Francisco Masdeu, según hallamos cumplida constancia en uno de los Apéndices de la *Historia crítica de España y de la cultura española* (1). Que la sangre de aquél Valle era la misma de D. Ramón lo hacen sentir frases como éstas: "Escribo contra Petavio, Sarmiento y Masdeu... Contra italianos, franceses e ingleses; contra todos los hombres, todos los siglos y todo el mundo..."

Pero el apellido de que D. Ramón se envanecía en mayor grado era, evidentemente, el de su abuela materna, D.ª Josefa de Montenegro; el mismo que hubo de asignar al D. Juan Manuel de su creación literaria. "Los Montenegros de Galicia—le hace decir en su *Sonata de Otoño*—descendemos de una Emperatriz alemana. Es el único blasón español que lleva metal sobre metal: espuelas de oro en campo de plata." Los Nobiliarios no abonan exactamente estas palabras, pero coinciden en atribuir a aquella familia el mismo tronco—D. Ero, Conde de Lugo—que a otros altos linajes gallegos: Baamondes, Taboadas y Gayosos. Tanto decayeron, por lo visto, los Montenegros, que a los próximos antecesores de Valle-Inclán no les llegó otra cosa que vagos resabios feudales. Sin dinero y desorbitados por pasiones violentas, se caracterizaron

---

(1) Tomo XX. Apéndice. Entretenimiento II. *Contra don Francisco del Valle-Inclán. Reflexiones contra unos sueños compostelanos, intitulados "discursos",* por don Francisco Masdeu.

por sus excesos estos pequeños Borgias de aldea. Patrocinados por la literatura, se reproducen en los Montenegros de las *Comedias bárbaras.*

Nuestro D. Ramón—el Ramón Valle de los primeros años—vivió una niñez oscura en el caserón familiar de la calle de San Mauro, en Villanueva de Arosa. Su padre gozaba fama de recto hasta la intransigencia y de poeta. Había dirigido un periodiquillo en Villagarcía, y no parece que tuviera mucha suerte en la gestión de la cuantiosa hacienda heredada, ya que casi la perdió. De un primer matrimonio, contraído con una Montenegro—prima, por cierto, de su segunda mujer—, tenía una sola hija: Ramona. De sus segundas nupcias—con D.ª Dolores Peña—nacieron por este orden: Carlos, Ramón, Francisco y María. El hogar de esta familia se dilataba hasta Collo de Arca, en la Puebla de Deán, y hasta la Rúa Nova, entre Villajuán y András, residencia de los abuelos.

Ramón Valle aprendió a leer en la "miga" de Villanueva; estudió latín con un dómine de la Puebla del Deán, el presbítero D. Carlos Pérez Noal, llamado familiarmente "Bichuquiño", y era tenido por díscolo y distraído más que por estudioso y dócil. Se pasaba el niño grandes ratos oyendo las historias de santos, de brujas y de ladrones que le contaba una criada vieja de su abuela, Micaela de nombre; le complacía mucho también oír cantar *sones* americanos a otra servidora de su casa; le impresionaba singularmente el color y el movimiento de las romerías, y se dió a caprichosas lecturas cuando le fué dado manejar la biblioteca que sus abuelos heredaran del ya citado D. Francisco del Valle-Inclán, enriquecida por algunas adquisiciones posteriores, siéndole revelado el mundo dormido de los libros antiguos.

Leyó Ramón Valle el *Quijote* y las *Novelas ejemplares,* de Cervantes; *Atala, René* y las *Memorias de ultratumba,* de Chateaubriand; libros olvidados de arte militar y de jineta; *Armas, triunfos y hechos históricos de los hijos de Galicia,* del P. Felipe de la Gándara; el *Quevedo,* de la Colección Rivadeneyra... Y el día que descubrió en el *Museo de las familias* un romance del Cid, no pudo por menos de sentirse llamado a una misión heroica. ¿No le había dicho su abuela Juana que descendían de Pedro Bermúdez, el que venció a los Infantes de Carrión?... Una vieja colección de sermones le infundió el gusto de leer en alta voz, y le divertía rehacerlos a su manera. Pero las armas acabaron por ganar sus preferencias y las improvisaba con este palo o aquel hierro viejo de su casa, para realzar sus pendencias, nada infrecuentes. Una mañana asaltó un melonar, empuñando un sable viejo contra algún enemigo más o menos quimérico. Se sentía, en efecto, conquistador, misionero o cruzado de no sabía qué causa. ¿No sería también Don Quijote ascendiente suyo...?

El mundo interior de Ramón Valle—niño espigado, huesudo y vivaz—se va poblando de imágenes y de anhelos. Cree en lo que no se ve mucho más que en lo que le rodea, y gusta de abandonarse a caminatas sin objeto, creyéndose un vagabundo y buscando la conversación de mendigos y trajinantes. O mira al mar, soñando rutas de espuma, hacia las Indias presentidas. Sus padres se duelen del carácter esquinado y voluntarioso del chico. Ramón crece entre preocupaciones de hogar que le curten el ánimo. Ramón es insensible al cansancio físico, recata sus sentimientos más íntimos y acusa una memoria pasmosa.

Nunca olvidará los mil y un detalles del escenario en que comienza a representar su propia vida: escenario rudo y delicado, medroso y lírico, de frondas húmedas, de piedras legendarias, de almas en pena, de impulsos elementales: Galicia supersticiosa y sensual. Menos aún olvidará la procesión del Nazareno, en la Puebla del Deán, una noche ritual de septiembre. Ante la imagen de Jesús, un grupo de gente varia: hombres, mujeres, niños. Son los que al verse por enfermedad en trance de muerte, hicieron el voto de vestir en la procesión la túnica que les habría servido de mortaja, y de llevar consigo el féretro que les hubiese transportado, en su último viaje, mucho más allá de los montes, del cielo brumoso, de las estrellas que marcan, trémulas, el Camino de Santiago.

## 2

## RAMON VALLE, ESTUDIANTE

E L 28 de julio de 1877 hizo Ramón Valle su examen de ingreso en Villanueva de Arosa. Cursó sus estudios de Segunda Enseñanza en los Institutos de Pontevedra y de Santiago, sin lograr otras calificaciones superiores a la de "Aprobado", que un "Notable" en Historia de España y un "Bueno" en Retórica y Poética, sin otro contratiempo que dos "Suspensos": en Latín y Castellano, y en Aritmética y Algebra, respectivamente, graduándose de bachiller el 29 de abril de 1885 en Pontevedra.

Cualquier dirección profesional, de agradarle alguna, le satisfacía más que la carrera de abogado. Pero la atracción rutinaria de estos estudios, avalorados por sus diferentes salidas y aplicaciones prácticas, era natural que operase con mayor fuerza en la comarca presidida por la Universidad de Santiago, tierra genuina de litigantes y letrados. Contrariando indicaciones de su padre a este respecto, Ramón Valle hubo de apuntar deseos de ser militar. Renunció pronto, no necesitando para allanarse de otro argumento que éste: "En el Ejército—le dijeron—tendrás que obedecer..." ¡Ah, no!... Ramón Valle quería mandar; por lo menos, que no le mandaran a él.

En Santiago se .estableció Ramón Valle, que ya es Ramón del Valle y de la Peña, pues así firma, gustoso de las partículas que hacen pomposos los apellidos, en calidad de alumno—*alugno,* escribe él—sus instancias académicas. De 1887 a 1889 Ramón del Valle aprueba los primeros cursos de la carrera. Obtiene algún "Notable". En Economía Política, "Bueno". En Literatura General y Española sólo consiguió ser "Aprobado". En Derecho Internacional Público es "Suspenso".

La verdad es que Ramón del Valle estudia con desgana. El ambiente de nuestras ciudades universitarias no ha solido abundar en estímulos que compensen, con su acción externa, lo que falte de vocación íntima. Seguramente Ramón del Valle es de los estudiantes que dedican a las aulas la parte menor de su jornada, si las reserva algo, al repartir las horas entre lugares varios de expansión y ocio. Los recuerdos de toda vida de estudiante no suelen ser ejemplares ni amenos, por mucho que los enaltezca la distancia en el tiempo. Ni aun en sus mejores días dejó la vida estudiantil de ofrecer algunas notas de ese sabor amargo que recoge la clásica novela picaresca. Y si pensamos concretamente en los universitarios de Santiago hacia los años finales del siglo XIX, en que tantas cosas se desespiritualizan del todo o poco menos, el testimonio literario de Carracido en *La muceta roja,* o de Pérez Lugín en *La casa de la Troya,* nos proporciona buena prueba. Pobre horizonte el de aquellas estudiantinas...

Como tantos otros, pasearía nuestro estudiante, Ramón Valle, por la Rúa y la Herradura su chistera, su capa y su barba reciente. También jugaría al monte, en el cuarto de alguna fonda o posada, con sus compañeros, a quienes, desde luego, sabemos que acostumbraba a sorprender con salidas intempestivas, entre ingeniosas e insolentes. Sabemos también que se creía dueño de infalibles martingalas, y que le exaltaba el seso la idea de un viaje a Montecarlo. Sabemos asimismo que vivía en la calle del Franco, núm. 45. Que su encargado era D. Joaquín Díaz de Rábago, casado con una hija del General Aguiar, apellido este último que adjudicaría años más tarde al Marqués de Bradomín. Que alternaba con las mejores familias de la ciudad, atenidas todavía —y por mucho tiempo— al estilo isabelino de vida y costumbres, en consolas, estrados, cortinones, valses, mazurcas, recitado de poesías al piano, juegos de prendas... Que hacía un alto diariamente en la librería de Galí. Que buscaba, con más ahínco que otro cualquiera, el secreto emocional de la ciudad en todas y cada una de sus piedras, tocadas por la gracia del románico, del renacimiento o del barroco; singularmente en la fantasía y realidad del Pórtico de la Gloria; en el fausto de la liturgia catedralicia; en la señoril melancolía de unos alrededores de terciopelo, cristal y niebla.

En avivar la conciencia histórica de Galicia se afana por entonces el único catedrático quizá que consiguió interesar a

Valle: D. Alfredo Brañas, pero no por la materia que explicaba, Economía y Hacienda, sino por sus luces y carácter. A Valle no le importaba mucho realmente que Galicia disfrutase de una traducción a su alma regional, previamente deformada, de la *Renaixensa* catalana. Porque es este fenómeno del incipiente catalanismo, expresión morbosa de un cultivado hecho diferencial, lo que ya servía de orientación, estímulo y ejemplo a las regiones predispuestas por ciertas modalidades históricas, políticas o económicas. Valle se muestra intransigente a este propósito, y en las controversias del Ateneo Compostelano o del Café del Siglo interviene a cuento del tema en boga para defender, por encima de todo, la inquebrantable unidad nacional. Otras voces se alzan en idénticas tertulias, inflamadas por la fe en España: la voz como ninguna elocuente de Juan Vázquez de Mella, ya licenciado en Derecho, o la del todavía estudiante Augusto González Besada, compañero de Valle en el mismo curso y rival afortunado en unas pretensiones de amor. Locuaz y reñidor, Valle se complace en discutirlo todo, cerrando contra el adversario ocasional a golpes de paradoja o denuesto... Y más, por que si es largo de lengua, es también pronto de mano. En materia literaria, Valle defendía al naturalismo o no, según la opinión del interlocutor. Pero en cuanto a pleitos regionales—la otra "cuestión palpitante"—iza la bandera centralista a ultranza y jura por Austrias y Borbones: "Hay que unificarlo todo, empezando por el idioma e imponiendo el castellano, que es el español..." Los galleguistas se consideran agraviados, porque precisamente la literatura en la lengua vernácula florece a la sazón en libros como el recién nacido *Queixumes dos pinos,* de Pondal, mientras el maestro Veiga, con latidos del corazón popular, compone alboradas y *muiñeiras.* Valle es el disidente; no concede importancia a Rosalía de Castro y censura en Curros Enríquez los motivos aldeanos de su inspiración, si bien le complacen sus ironías y su sarcasmo, que le aproximan a Guerra Junqueiro. (Eça de Queiroz es el otro gran escritor portugués que poderosamente le atrae.) Pero es forzoso—gusta de declarar—que el escritor gallego escriba en la lengua que le identifica con España y le sitúa en América. He aquí un punto de vista que Valle jamás había de traicionar.

A las letras gallegas en castellano debe ya, en sus años de estudiante, el descubrimiento de un libro de Nicomedes Pastor Díaz, *De Villahermosa a la China,* que le satisfizo y reelería. Más aún le impresionan dos novelas que aparecen en esta misma época: *Los pazos de Ulloa* y *La madre Naturaleza,* las dos de Emilia Pardo Bazán. A Valle le impresiona, sobre todo, el tema de la degeneración de los Moscosos, que no puede por menos de relacionar con sus parientes los Montenegros, haciéndole sentir la sugestión literaria del caso que le tocaba tan cerca.

¿Por qué no ha de escribir él también?... Aboceta algún cuento. Pero a ultimar los que se le ocurren prefiere anotar impresiones aisladas, datos de paisaje, anécdotas locales, pormenores de familia y amigos... Hasta que un día, ante un artículo de Jacinto Octavio Picón—¿en la *Ilustración Española y Americana?*—, se pregunta si él no es capaz de escribir mejor que los presuntos maestros de Madrid. Hay que pensar, efectivamente, en ir allá.

Estamos en el año 1890. D. Ramón Valle y Bermúdez ha muerto. Su hijo, que acaba de ser "suspenso" en Hacienda pública, no tiene ya a quién complacer estudiando Leyes. Después de todo, cuanto tenía que aprender en Santiago queda en su alma: una lección imborrable de gravedad, amplitud, humor y sentido ornamental. En concreto: el maestro Mateo había sido su mejor adoctrinador.

Cuando marcha a Madrid desde Santiago, despiden a Ramón Valle, en la Administración de los coches de "La Carrilana", dos compañeros de sus frustrados estudios: Ramón Sanjurjo y Miguel de Castro. Valle, escasísimo de equipaje, lleva consigo dos floretes y una careta de esgrima.

## 3

## MADRID-MEJICO-PONTEVEDRA

Este primer ensayo de vida de Valle-Inclán en Madrid es una laguna, donde apenas si flota otro dato que no sea el de su presentación a D. Miguel de los Santos Alvarez; lo que no sabemos cómo ocurrió, puesto que nuestro hombre no frecuentó tertulias y Centros literarios, consciente como estaba de su insignificancia y orgulloso como era en grado suficiente para no reducirse al papel de corista. Refiriéndose, tiempo adelante, a su trato—fugaz, desde luego—con el autor de *La protección de un sastre,* hubo de declarar: "Por la solemnidad y por el tono de burla con que solía hablar D. Miguel de los Santos Alvarez, percibí algo de lo que luego he llamado *esperpento...*" Figuras de traza esperpéntica abundaban, de seguro, en el Madrid finisecular. Madrid mismo era un inmenso *esperpento,* entre otros motivos, porque el género chico, que entonces comenzaba a privar, se complacía en tratar, bajo formas desenfadadamente bufas, clásicos temas dramáticos de dolor y hambre.

Probablemente fué entonces—rápida estancia de forastero en el Madrid de 1891—cuando Valle descubrió el café como domicilio genuino de miles de españoles. Todavía podía entrar en un café cualquiera sin despertar, como luego le ocurriese—buscándolo adrede—, sorpresa y expectación, porque aún no había compuesto su figura del modo extraño que más tarde había de singularizarle: con su simple barba, por larga que fuera, no podía llamar la atención entre gentes que cultivaban el pelo—en total liquidación del ya lejano romanticismo—de fantástica manera, alardeando, quién más o quién menos, según fuese hombre o mujer, de guedejas, flequillos, bucles, rizos, moños, rodetes, cocas, trenzas, tupés, ondas sobre la frente, patillas, tufos, perillas, moscas, barbas, sotabarbas, luchanas, bigotes engomados o sin engomar, rizados en sortija, caracolillo o cuerno; caídos por las puntas o a lo gendarme, o levantados a la borgoñona... En pleno triunfo del *crepé* y las tenacillas, Ramón Valle no se podía distinguir por una barba vulgarmente crecida.

No debió de hallar muchas facilidades para desenvolver su vida en la Corte, o le quebró la vocación, apenas revelada, puesto que al principio de 1892 marcha a Méjico, embarcando en El Havre. O es que la seducción de América pudo más que todo, trabajando su temperamento de hombre inquieto dado a la aventura, con ansia espoleada por su culto a los conquistadores de Ultramar.

Años después, en trance Valle-Inclán de componerse una

autobiografía (1), fantaseó así su primer viaje a Méjico: "Apenas cumplí la edad que se llama juventud, como final a unos amores desgraciados, me embarqué para Méjico en la *Dalila,* una fragata que al siguiente viaje naufragó en las costas de Yucatán. Por aquel entonces era yo algo poeta, con ninguna experiencia y harta novelería en la cabeza. Creía de buena fe en muchas cosas que ahora pongo en duda, y libre de escepticismos, dábame buena prisa a gozar de la existencia. Aunque no lo confesase, y acaso sin saberlo, era feliz: soñaba realizar altas empresas, como un aventurero de otros tiempos, y despreciaba las glorias literarias. A bordo de la *Dalila*—lo recuerdo con orgullo—asesiné a sir Roberto Yones. Fué una venganza digna de Benvenuto Cellini. Os diré cómo fué, aun cuando sois incapaces de comprender su belleza; pero mejor será que no os lo diga, seríais capaces de horrorizaros. Básteos saber que a bordo de la *Dalila* solamente el capellán sospechó de mí. Yo lo adiviné a tiempo, y, confesándome con él pocas horas después de cometido el crimen, le impuse silencio antes que sus sospechas se convirtieran en certeza, y obtuve además la absolución de mi crimen y la tranquilidad de mi conciencia. Aquel mismo día la fragata dió fondo en aguas de Veracruz y desembarqué en aquella playa abrasada, donde desembarcaron, antes que pueblo alguno de la vieja Europa, los aventureros españoles. La ciudad que fundaron y a la que dieron abolengo de valentía, espejá-

---

(1) Artículo publicado en *Alma Española,* Madrid, 27 de diciembre de 1903. Existen anticipos de este texto en *La Niña Chole,* cuento inserto en *Femeninas,* pág. 107.

23

base en el mar quieto y de plomo, como si mirase fascinada la ruta que trajeron los hombres blancos. Confieso que en tal momento sentí levantarse en mi alma de hidalgo y de cristiano el rumor augusto de la Historia. Uno de mis antepasados, Gonzalo de Sandoval, había fundado en aquellas tierras el reino de la Nueva Galicia. Yo, siguiendo los impulsos de una vida errante, iba a perderme, como él, en la vastedad del viejo Imperio azteca. Imperio de historia desconocida, sepultada para siempre con las momias de sus Reyes entre restos ciclópeos que hablan de civilizaciones, de cultos, de razas que fueron y sólo tienen par en ese misterioso cuanto remoto Oriente..." La misma invención fué transferida por Valle a Bradomín, su trasunto, con algunas leves variantes y esta añadidura en la *Sonata de Estío:* "Todavía el Marqués de Bradomín conservaba allí los restos de un mayorazgo deshecho entre los legajos de un pleito..."

La literatura de los pasajes transcritos es muy posterior al hecho concreto—viaje a Méjico—que suministró el pretexto a tanta fantasía, típicamente modernista y valle-inclanesca, por cuanto acusa la línea de *boutades* para desconcertar burgueses, que arranca de Baudelaire, y la otra línea, de afectación aristocrática y heroica, a lo Barbey d'Aurevilly. Pero los ojos de nuestro viajero no estaban resabiados de tales lecturas en la época de su travesía, sino de historias y crónicas de Indias que le transmitieron el amor de la obra cumplida por España en el Nuevo Mundo. El poso de realidad que pueda descubrirse en el fondo de aquella versión autobiográfica, reproducida luego en *Sonata de Estío,* se reduce al viaje de

Valle a Méjico, y las circunstancias de familia que lo determinaron no eran otras que la existencia en Veracruz de unos parientes suyos dedicados al comercio. Utilizó Valle este pretexto para emigrar, si bien empujara su ánimo un romancesco viento de aventuras, sin excluir, claro está, la posibilidad de que lo imprevisto estribase precisamente en el éxito de los negocios. Hasta el emigrante de mayor desinterés sueña siempre con Eldorado. De todos modos, a Valle, sin carrera, oficio ni rentas, le urgía despejar la incógnita de su vida perpleja. "Decidí irme a México—gustaba después de decir—, porque México se escribe con equis": la equis en que se cifraba su destino.

Durante el viaje hizo Valle amistad con un señor Menéndez Acebal, asturiano, establecido en Veracruz, donde tenía una imprenta y editaba un diario llamado *El Veracruzano Libre*, o cosa por el estilo. Ganado este hombre por la simpatía que le inspiraba el emigrante, y advertido de su desorientación, le brindó un puesto en su periódico. Pero ya en tierra, antes de requerir la pluma, tuvo Valle que esgrimir el junquito que usaba, porque dió la casualidad que otro diario de Veracruz publicó, el día mismo de su arribo, un artículo en el que se abominaba de los españoles: de todos, "desde Hernán Cortés—venía a decir—hasta el último llegado". Valle se sintió aludido, y se presentó muy jaque en la Redacción del periódico, instalada por cierto en la planta baja de un edificio que hacía esquina. Pidió explicaciones, que no le fueron dadas; antes, al contrario, los redactores allí presentes, abusando de su superioridad numérica, arremetieron contra el estrambótico reclamante, hasta ponerlo en la calle. Pero nuestro hombre no tardó un segundo en entrar por la otra puerta, y sorprendiendo a los que acababan de lanzarle, no dió paz a su bastón, gustoso en el desquite y furioso "hasta promover la huída del enemigo", como contó después muchas veces, jactancioso, según manifestaba serlo al referir lances análogos: "Yo siempre he tenido—acababa diciendo—un gran sentido de la táctica y de la estrategia..."

Ramón Valle formó parte, pues, de la Redacción del ya dicho periódico de Veracruz, y luego en Méjico, de la de *El Imparcial*, diario de Reyes Spínola, trabajando, a lo que se dice, como traductor—¿del francés, que conocía escasamente?...—bajo la dirección de Balbino Dávalos. Vida nada propincua a las aventuras, que luego hubo Valle de idear, pues precisamente la atmósfera política mejicana era entonces de absoluta tranquilidad bajo la presidencia de Porfirio Díaz, quien, como buen dictador, sabía imponer su autoridad y no dejaba margen a rebeldías de bandoleros, indios o cabecillas. Con uno de éstos, Sóstenes Rocha, que había estado en Querétaro y publicado, por cierto, un *Enquiridión para los sargentos y cabos del Ejército,* intimó Valle. "Era un hombre—decía de él mucho más tarde—con cara de león, que bebía aguardiente con pólvora, y que salía a caballo por las calles en cuanto había *mitote*" (1). Y agregaba: "Tiempos aquellos, cuando en Méjico había un "güero", Poucel, que de un mordisco le quitó un dedo al gigante Zetina; y salimos a perseguir a Catari-

---

(1) "Aventuras novelescas de Valle-Inclán", por Angel Sol. Artículo publicado en *Excelsior;* México, 19 de enero de 1936.

no Garza, el de la pandilla de Hipólito Cuéllar, y había en el Norte una Teresa de Utrera, la famosa Cavora, que curaba y legislaba entre los indios..." Bien puede afirmarse que no derivó en servicio militar el trato de Valle con Rocha, que había colgado su espada, ni quedaban cabecillas que batir. Pero él, desde luego, afirmaba que se había alistado en el Ejército mejicano, sirviendo en el 7.º de Caballería. La estilización de sus recuerdos, en otras ocasiones, le hizo atribuirse el grado de "Coronel-General de los Ejércitos de Tierra Caliente".

Del lanzamiento a la creación literaria de Valle en Méjico hablan expresivamente algunos textos escritos: los primeros que su autor había de dar a la imprenta, como el cuento que fecha en Méjico, julio de 1892, *Octavia Santino,* o el de enero de 1893, en Veracruz, *La condesa de Cela.* Ramón del Valle nace verdaderamente a las letras bajo el ciclo inflamado del trópico, descubriendo a su luz los grandes colores del mundo y de la vida; el tono alto de las pasiones, el abigarramiento de la Historia, el barroquismo de los floripondios y rarísimas figuras labradas en granito, el barroquismo también de los atavíos del charro y de la charra; la antítesis del lago y el volcán, del águila y la serpiente, del nopal y la palmera, del quetzal y la tiranía. No fué ajena a la experiencia de Valle en Méjico la obra, entonces culminante, de Salvador Díaz Mirón, violento y delicado, arbitrario y riguroso; el que dijo, preludiando sus *Melancolías y cóleras:*

> ... A encono y a quebranto
> dejo el primor que les prendí por fuera;
> y en la congoja y en la saña, el canto
> resulte gracia irónica y artera:

27

el iris, en el glóbulo del llanto,
y la seda, en la piel de la pantera.

Cuando Valle da por conclusa su estancia en Méjico, decide volver a España. Pero no lo hace sin detenerse, por espacio de una temporada, en Cuba, huésped de la familia González de Mendoza, en el ingenio de San Nicolás, provincia de Matanzas. Sin pasar por París—como quiere hacer creer al fechar *La Niña Chole*—vuelve, por fin, a España—primavera de 1893—y decanta sus recuerdos de Méjico escribiendo el cuento de aquel nombre en estilo singularmente cálido y cadencioso. No por el asunto, sino por la emoción, *La Niña Chole* es una confesión más que una autobiografía. El autor, a la vista de Veracruz, la ciudad a que dieron "abolengo de valentía" "los aventureros españoles", no puede por menos de recordar las lecturas que en su niñez le "habían hecho soñar con aquella tierra, hija del sol; narraciones medio históricas, medio novelescas, en que siempre se dibujaban hombres de tez cobriza, tristes y silenciosos, como cumple a los héroes vencidos, y selvas vírgenes, pobladas de pájaros de brillante plumaje, y mujeres como la Niña Chole, ardientes y morenas, símbolo de la pasión, que dijo el poeta. La imaginación exaltada me fingía al aventurero extremeño poniendo fuego a sus naves, y a sus hombres, esparcidos por la arena, atisbándole de través los mostachos enhiestos, al antiguo uso marcial, y sombríos los rostros varoniles, curtidos y con pátina, como las figuras de los cuadros muy viejos. Y como no es posible renunciar a la Patria, yo, español, sentía el corazón henchido de entusiasmo y poblada de visiones gloriosas la mente y la memoria llena de recuerdos históricos...".

Tanto como la Historia, sedujo la Naturaleza al narrador de *La Niña Chole*. "¡Oh! ¡Cuán bellos son esos países tropicales!—exclama—. El que una vez los ha visto, no los olvidará jamás. Aquella calma azul del mar y del cielo; aquel sol, que ciega y quema; aquella brisa cargada de todos los aromas de la Tierra Caliente, como ciertas queridas muy amadas, dejan en la carne, en los sentidos, en el alma, reminiscencias tan voluptuosas que el deseo de hacerlas revivir sólo se apaga en la vejez. Mi pensamiento rejuvenece hoy recordando la inmensa extensión plateada de ese golfo mejicano, que no he vuelto a surcar. Por mi memoria desfilan las torres de Veracruz, los bosques de Campeche, las arenas de Yucatán, los palacios de Palenque, las palmeras de Tuxpán y Laguna..."

Valle se reintegra a su hogar gallego cargado de memorias vivas, que informarán no pequeña parte de su obra. Vuelve con la percepción clara de su destino literario y con el vago mundo que le crea su pipa de mariguana.

4

## EL PRIMER LIBRO

Ramón del Valle-Inclán—lanzado ya al uso de este apellido—publica a principios de 1895 su primer libro: *Femeninas (Seis historias amorosas)*, que son las ya citadas: *La Condesa de Cela, Octavia Santino* y *La Niña Chole*, más *Tula Varona, La Generala* y *Rosarito*. Se trata de un libro pequeño, con cubierta de color cobrizo, dedicado a Pedro Seoane, compañero universitario del autor, político luego, que hubo de desempeñar cargos importantes. Lo prologa D. Manuel Murguía, amigo íntimo del padre de Valle-Inclán, escritor de mucha autoridad en las letras gallegas, y fué el editor Andrés Landín, impresor y comerciante de Pontevedra. Es un libro —plagado, por cierto de faltas de ortografía, que no hemos de cargar íntegramente al cajista o al corrector de pruebas—que en el irisado tornasol de sus temas y de sus palabras nos hace pensar en Maupassant, en Eça de Queiroz, en D'Annunzio, en Barbey d'Aurevilly... Pero este conocimiento que Valle-

30

Inclán adquiere de determinados autores extranjeros necesita alguna explicación.

Mientras compone Valle-Inclán sus *Femeninas,* vive en Pontevedra, quizá por atraerle su amistad con D. Jesús Muruais, hombre de singular atractivo, profesor de Latín en aquel Instituto, caracterizado por su curiosidad intelectual, su conversación sugestiva, mordaz, ágil en el juego de todas las ideas; espíritu socrático por su rara virtud de alumbrar el de los demás. Valle-Inclán se contó entre los más asiduos de la casa—"Casa del Arco"—donde moraba D. Jesús Muruais. Existía en ella una rica biblioteca de fondos variadísimos y muy al día—al día de París—, porque su dueño gustaba mucho de lo reciente, y en su inclinación a vivir la actualidad literaria del *Boulevard,* recibía las revistas más innovadoras, y con carteles de los teatros parisienses—encargados al efecto—empapelaba toda una habitación. El libre magisterio ejercido por Muruais sirvió de mucho a Valle-Inclán, desprovisto de otros guías en su iniciación literaria.

Hojeando *La Conque,* descubrió Valle-Inclán a José María de Heredia, el cantor de *Los conquistadores;* aún tenía Valle-Inclán empapada la retina de la luz y de los colores de la memorable ruta: *L'azur phosphorescente de la mer des tropiques...* Y leyendo—o escuchando a Muruais—supo del entonces reciente *Traité du verbe,* de René Ghil, que le puso en el camino de su propio concepto—sin forzar las cosas—del valor cromático y orquestal de la palabra. De los maestros españoles contemporáneos no podía aprender nada a este respecto, porque, evidentemente, no se plantearon—ni aun Valera—problemas semejantes. Su estética era muy otra; no consideraban la palabra como objeto precioso, y en cuanto a estilo, preferían la expresión directa, la transcripción literalmente realista de cuanto les rodeaba: "Al pan, pan, y al vino, vino." Simbolistas y parnasianos se habían propuesto en Francia otros objetivos, buscando, antes que eludiendo, lo artificioso y extravagante, y lo que fuera, por ejemplo, en Rimbaud genial, gracia poética y juego de ingenio, llegó a hacerse en René Ghil el enojoso discurso, la arbitraria teoría de la "poesía científica" y de la "instrumentación verbal". Nada más lejos de esto que Valle-Inclán, poderoso intuitivo; pero es evidente que de allá le vino su preocupación por la palabra mórbida, plástica, de bien calculadas sonoridades, que ya tantea en *Femeninas*. Tiempo después Valle-Inclán sintió el esnobismo de hacer suya íntegramente la doctrina antes aludida. Pero ni siquiera acertó a recordar exactamente el verso famoso de Rimbaud:

*A noir, E blanc, I rouge, O vert, U bleu.*

Valle-Inclán lo transcribe así:

*A noir, E bleu, I rouge, U vert, O jaune.*

Las preferencias de Muruais se fijaban en el incipiente D'Annunzio, y, sobre todo, en Barbey d'Aurevilly; no es extraño que se transmitiese este culto a Valle-Inclán, porque su temperamento le predisponía a recibir especialmente la influencia del *Condestable de las Letras de Francia*. Una influencia que se ejerce, ¿no es muchas veces una confluencia que se revela?... El conocimiento de las *Diabólicas*, de Barbey d'Aurevilly, determinó, a no dudarlo, las formas que en rápido proceso hubieron de afectar los sueños artísticos a que Valle-Inclán se entregaba en su afán de *literaturizar* la mujer y el amor, la superstición y el misterio.

Un fondo de lecturas d'annunzianas se agita en los cuentos de *Femeninas*. Leyendo cualquiera de ellos pensamos en aquellas novelas—ya había dado *El placer* la vuelta al mundo—en que se buscan y se repelen, se aman y se odian, en jardín, salón o estudio, los últimos galanes románticos y las primeras mujeres fatales. Como trasciende a Eça de Queiroz, por ejemplo, el episodio del clérigo, aludido incidentalmente en *La Condesa de Cela*. Pero bien se percibe que la aspiración deliberada de Valle-Inclán va hacia el mundo, francamente anómalo, de Barbey d'Aurevilly. No sería bastante, claro es, que uno de los personajes en que el autor se transfunde—el Sandoval de *La Generala*—haga preferente elogio de *Lo que no muere,* del escritor francés, al recomendar determinados libros. Ni que se apropie en *Rosarito* la antítesis de las *Celestes* y las *Diabólicas,* y que use y abuse del carmesí, prodigándolo en terciopelos próceres y damascos litúrgicos. Expresivo también es el dato de que sean precisamente seis, como las *Diabólicas,* las *Femeninas*. Pero es en el tipo de narración, en las prendas internas y externas de las mujeres movilizadas, en las calidades del ambiente, en la afición a ciertos pormenores, donde se acusa el decisivo ascendiente de Barbey d'Aurevilly, por modo singular en *Rosarito,* el mejor de los cuentos de *Femeninas;* entre otras razones, porque es distinto a los demás (el peor, *La Generala,* narración trivial de las que entonces se llamaban "galantes", al modo de Paul de Kock).

En el coro de las seis mujeres de Valle-Inclán, Rosarito es la excepción: desde luego, la más femenina. Y su antagonista, don Juan Manuel Montenegro, también es diferente, porque mientras los demás galanes son juguete de sus damas respectivas, aquél asume la iniciativa—que ni un instante pierde—de auténtico don Juan: sensualidad, fascinación, crimen. En este caso, el "diabólico" es don Juan Manuel Montenegro. Los hombres de los otros relatos son unos pobres diablos, mal traídos y llevados por la vida. En alguno, por cierto, parece, salvo algún detalle, que se retrata físicamente el autor: "De estatura más que mediana—era Pedro Pondal, el de *Octavia Santino*—, además frío, continente tímido y retraído, difícilmente agradaba la primera vez que se le conocía; él mismo solía dolerse de ello, exagerándolo como hacía con todo. Apuntábale la negra barba, que encerraba, a modo de marco de ébano, un rostro pálido y quevedesco. La frente era más altiva que despejada; los ojos más ensoñadores que brillantes. Aquella cabeza, prematuramente pensativa, parecía inclinarse, impregnada de una tristeza misteriosa y lejana..."

En un curso intensivo de sorpresa, pasión y rapto, la Rosarito del cuento pasa de la vida plácida en el Pazo de su abuela a la trágica muerte, por satánica alevosía del amor, en lecho de palosanto. Muestra la narración efectos decorativos, pictóricos, que jamás faltarían ya—unos u otros—en Valle-Inclán, más el escalofrío de la muerte que pasa y la angustiosa sensación del misterio. Antes que esto, se fija, con certeros toques, cuanto de brujería puede haber en el amor, sin faltar el rasgo que suministra la penetración del aprendiz de psicólogo: "Los ojos de la niña seguían, miedosos e inconscientes, el ir y venir de aquella sombría figura: si el emigrado se acercaba a la luz, no se atrevían a mirarle; si se desvanecía en la penumbra, le buscaban con ansia..." Aparece en *Rosarito,* como en *Octavia Santino,* el gato—"enorme gato", "gatazo"—maléfico y medroso, que, procediendo de Poe y Baudelaire, llega a ser el *totem* de la literatura del fin de siglo. Y se mueven en esta narración, bajo inspiraciones de D'Annunzio, manos de "novicia, pálidas, místicas, ardientes", como en *La Generala* se alude a "manos blancas y perfumadas, de Duquesas y mundanas", o como se describe en *Tula Varona* las de su heroína: "manos que parecían dos palomas blancas ocultas entre los encajes del regazo azul...". Son las manos que el modernismo hará "liliales", "abaciales", hasta —bárbaramente—"cerúleas"... Con anterioridad, las únicas manos que causan estado en la novela española son probablemente las de Pepita Jiménez. Sin embargo, el tema es de lejano abolengo: ya en la *Primera crónica general de España* consta que eran bellas y blancas las manos del Conde Garci-Fernández, hijo de Fernán-González.

*La Niña Chole* es también un cuento excelente, llamado a perfeccionarse en obra ulterior de Valle-Inclán. Responde, desde luego, a la sugestión de América, que en otros cuentos de *Femeninas* se reduce a informar la filiación de algunos personajes—Aquiles Calderón, el de *La Condesa de Cela,* y *Tula Varona,* por ejemplo—o la procedencia de algunos ob-

35

jetos decorativos: idolillos aztecas, "tibores con enormes helechos de los trópicos..." En *La Niña Chole,* América lo es todo; Méjico concretamente: su paisaje, sus hombres y mujeres, sus costumbres y supervivencias, su jerga dialectal, su clima moral. A la protagonista—"especie de Salambó"—le confiere el autor, por contraste con el inglés que la acompaña, la representación de la raza aborigen, tan propicia a ser estilizada, como lo hace, en efecto, Valle-Inclán, del fantástico modo que nos lleva a un mundo fuertemente coloreado de fierezas y ternuras primitivas, con serpientes, pájaros agoreros, facas prestas a dar muerte, aromas voluptuosos y princesas hijas del sol. A *La Niña Chole* la viste su creador a la usanza indígena. Por dentro, anda desnuda el alma de la raza maya. Pero *La Niña Chole* se pierde en el abigarrado conjunto de escenas que Valle-Inclán idea a manera de estampas, y aunque compone la escena del indio matador de tiburones para que la Niña Chole exteriorice su fondo de crueldad, el reactivo psicológico nos importa menos que la escena misma, pintada con firmeza.

Tanto en este cuento mejicano como en los demás—algunos de ellos localizados en *Brumosa,* esto es, Santiago—se manifiestan, con independencia del asunto y sin sombra de libros ajenos, el primor con que Valle-Inclán capta sensaciones cuyo secreto parecía estar reservado a otras artes; la excelencia del lenguaje que el autor señorea muy personalmente en virtud de un estilo que busca, dentro de la tradición castellana, ritmos nuevos, imágenes de primera mano y palabras que sorprendan; un gusto muy sostenido por lo exótico, lo pintoresco y lo raro, lo exquisito, trabajado y ornamental: "En aquel momento parecíale verla recostada en el monumental canapé de damasco rojo con estampados chinescos; uno de esos muebles arcaicos que todavía se ven en las casas de abolengo y parecen conservar en su seda labrada y en sus molduras lustrosas algo del respeto y de la severidad engolada de los antiguos linajes..." *(La Condesa de Cela)*. "Los cínifes zumbaban en torno de un surtidor que gallardeaba al sol su airón de plata, y llovía en menudas, irisadas gotas sobre el tazón de alabastro. En medio de aquel ambiente encendido, bajo aquel cielo azul, donde la palmera abre su rumoroso parasol, la fresca música recordábame de un modo sensacional y remoto las fatigas del desierto y el deleitoso sestear en los oasis" *(La Niña Chole)*. "Vestía, como todas las criollas yucatecas, albo hipil, recamado con sedas de colores—vestidura indígena semejante a una tunicela antigua—, y zagalejo andaluz, que en aquellas tierras, ayer españolas, llaman todavía con el castizo y jacaresco nombre de *fustán*" *(La Niña Chole)*. "El alfilerón de oro que momentos antes sujetaba la trenza de la niña, está bárbaramente clavado en su pecho, sobre el corazón. La rubia cabellera extiéndese por la almohada, trágica, magdalénica..." *(Rosarito)*; etc.

¡Ah! Es típico de *Femeninas* el doble juego del recuerdo y la presencia, la esperanza y la nostalgia. En *La Niña Chole* revive "la misma sonrisa de Lily". Es motivo patético en *Rosarito* la reaparición de Montenegro sobre la imagen que de él conservaban cuantos le conocieron de joven: gentil y jaque. Y la esperanza de que Octavia se salve de la muerte suscita en su amante "el recuerdo de su infancia en el hogar paterno, donde todas las noches se rezaba el rosario...".

¿Qué efecto causa en Madrid el libro—tan reminiscente y a la vez tan personal—publicado por un escritor novel, a distancia de las tertulias literarias de la Corte?... Explorando periódicos y revistas de 1895 damos con el número de *Blanco y Negro* correspondiente a 1.º de junio, y en él con un suelto bibliográfico a este tenor: "El distinguido poeta pontevedrés Ramón del Valle-Inclán ha reunido en elegantísimo tomo, que hace justicia a la Casa editorial de Landín, en Pontevedra, una primorosa colección de cuentos, todos elegantes y de exquisita factura, que acusan en su autor, influído por los novelistas franceses, un literato de grandes prestigios..." La pluma anónima denuncia su amistad hacia el autor del libro por el mero hecho de prestarle atención. Y cabe pensar que por este conducto llegó a la misma revista el cuento de Valle-Inclán, que inserta pocos números después, en el de 23 de noviembre. Se titula: *Iván, el de los osos;* lo ilustran dibujos de Huertas, y en la vida azarosa del titiritero y en los histéricos ayes de un pobre poseído descubrimos las huellas dactilares de la Musa de Valle-Inclán. Es curioso, con este ejemplar de *Blanco y Negro* entre las manos, percibir el pulso de los días que pasan: retratos de María Tubau y del Marqués de Cabriñana; artículo satírico de Luis Royo Villanova, ilustrado por Cilla; crónica mundana de "Monte-Cristo"; fotografías y comentarios referentes a la guerra de Cuba... No dejemos de fijarnos en los anuncios: "La Hurí, corsés"; "Mackferland negro o azul, corte modelo, sastrería"; "Estufas, calefacción por medio de petróleo"...

Los pontevedreses ven en Ramón Valle—que así continúan llamándole—, antes que un escritor de porvenir, el pedante que se deja crecer el pelo, más que lo usual, en melena y barba. Pero resuelto a ser literato, Valle tiene que hacerse una cabeza. Por lo que oye a Muruais y por lo que medio lee en francés o en italiano, Valle-Inclán puede darse cuenta de la moda que crean, de una forma u otra, con este o aquel accesorio, las cabezas literarias de Europa: una Europa que en puridad se reduce a París y al jirón de Italia que personifica D'Annunzio. Son las cabezas que dibuja Vallotton al ilustrar las semblanzas reunidas por Gourmont en sus *Masques*. No necesita Valle-Inclán adentrarse mucho en las obras de quienes en su pergeño ya le dan impresión suficiente: Villiers de l'Isle Adam, cortesano de un Rey imposible: perilla y guedeja; Lautréamont, puro enigma: alborotados pelo y mirada; Saint Pol-Roux, barbudo y melenudo; el Sar Peladan, con su turbante; Moreas, con su *monocle*...

Valle-Inclán cuida su cabeza como una obra más y hace bandera ante las gentes que van y vienen por la Alameda de Pontevedra, de su "negra guedeja y luenga barba": la barba de "chivo" que diría luego Rubén Darío, o "de cola de caballo", vista más exactamente por Juan Ramón Jiménez; la barba de "misteriosos reflejos morados", percibidos por Ortega y Gasset, crítico en 1903 de *Sonata de Estío;* barba de ermitaño, astrólogo, apóstol, mendigo, fakir, guerrillero; barba que todos hemos visto veinte, treinta, cuarenta años después blanquear y desfallecer; barba tan escasa y clara ya que dejaba ver, tras el visillo grisáceo, el mentón redondo y brevísimo.

Los graciosos de Pontevedra pensaron embromar un día a Valle-Inclán mandándole, de hora en hora, un peluquero, como si él mismo hubiera requerido sus servicios. Pero no pasó la chanza del segundo golpe, porque esta vez el peluquero de tanda rodó de un puntapié por las escaleras de la casa de Valle-Inclán.

Valle-Inclán acabó por no respirar a gusto en Pontevedra. Todo le empujaba hacia Madrid.

## 5

## MADRID—FIN DE SIGLO

En el cómputo moral y político de España, 1898 comenzó al día siguiente de Ayacucho, y si tardó no pocos años en producirse el fenómeno entonces prejuzgado—pérdida de las últimas Colonias—, fué para dar tiempo a que la gente recibiese el golpe del Desastre con la menor impresión posible. Muy pronto había de caer sobre la nuca de España aquel mazazo, cuando Valle-Inclán, en el invierno de 1896 a 1897, llega a Madrid para realizar su segunda y definitiva experiencia.

Madrid—cabeza de España—se manifestaba, en calles de fugitivo color local, despreocupado y alegre, no con el optimismo del que nada teme, sino con el aturdimiento a que recurre quien todo lo da por perdido. Preparado a cualquier evento, consciente de que su esfuerzo sería inútil, abandonado, en otro supuesto, al juego que diese su llamativa baraja de grandes hombres, el madrileño, flor de españoles, se divertía del modo que pudiera, no siendo casual ni insignificante que prevaleciera el "género chico"—no sólo en el teatro—; se vivía por horas y, de añadidura, en muy poco espacio. Madrid, realmente, era más pequeño de lo que aparentaba en las calles largas de un Ensanche recién nacido, balbuciente en solares ingenuos. Madrid carecía, gedeónicamente, de alrededores; todo el mundo cabía en unos cuantos cafés y en cuatro o cinco teatros. De tropezarse a cada momento se conocían los paseantes en Corte. Valle-Inclán hizo notar su llegada, porque buscando adrede el modo de llamar la atención y resultándole insuficientes la melena y la barba —no raras del todo—y menos aún la chistera, que lucían incluso los empleados de cinco mil reales—mundo de Galdós y de Taboada—, o la capa, que todavía usaban los Grandes de España, acudió al refuerzo de un extravagante sombrero y de unos perros que le rodeaban y seguían.

Valle-Inclán despertó la curiosidad de los tertulianos que mataban tranquilamente el tiempo en los cafés o lo acechaban en las esquinas, *clubs* a la intemperie. De cómo empezó Valle-Inclán a mostrarse poseemos el testimonio que transcribimos a continuación. Quien depone es otro que también acaba de llegar a Madrid: un muchacho de aspiraciones vagas y dispersas: ¿pintor, escritor en verso o prosa, inventor, industrial?... Ricardo Baroja. Dice así (1):

"En una mesa cercana a la mía vi un joven, barbudo, melenudo, moreno, flaco hasta la momificación. Vestía de negro y se cubría con chambergo de felpa gris, de alta copa

---

(1) "Valle-Inclán en el café", por Ricardo Baroja. Artículo publicado en *La Pluma;* Madrid, enero de 1923.

cónica y grandes alas. Las puntas salientes del planchado cuello de la camisa avanzaban amenazadoras, flanqueando la negrísima barba cortada a la moda ninivita del siglo xix antes de Cristo, y bajo la barba se adivinaba la flotante y romántica chalina de seda negra, tan cara a los espíritus poéticos. El extraño personaje respondía a las curiosas miradas de los concurrentes con desfachatez insultante, y dirigía el destello de los quevedos, que cabalgaban sobre su larga nariz, sobre aquél que le contemplaba con insistencia. Pregunté al mozo del café quién era aquel parroquiano, y el mozo satisfizo a medias mi curiosidad, diciéndome: "Creo que es poeta, como los que se juntan con él, y creo que viene de Méjico." Fueron llegando amigos del poeta, y sentándose junto a él, se entabló entre ellos una acalorada discusión a causa de un desafío. La voz altisonante del poeta melenudo se destacaba sobre todas. Explicaba una estocada, sin duda alguna, porque para dar mayor comprensión a sus palabras, cogió una cucharilla y señaló tres o cuatro golpes sobre el chaleco del que tenía enfrente. Entre las prácticas demostraciones intercalaba denuestos contra aquel galopín de D. Francisco de Quevedo y Villegas, ignorante patizambo, que se había permitido burlarse de los grados del perfil del gran tratadista y maestro de armas Pacheco de Narváez. Pero las explicaciones no debieron convencer a los contertulios, porque el de la barba asiria y melena merovingia se levantó de su asiento, requirió un bastón a guisa de tizona y, saliendo al pasillo que formaban las mesas del café, se puso en guardia como un San Jorge, y dando desaforados gritos se tiró a fondo. Todo ello sin importarle un pito la sorpresa de los parroquianos, el apuro de los camareros y el pánico del encargado, que desde el lejano mostrador miraba las fintas y estocadas de aquel maestro de esgrima. "No hay más que batir el hierro al contrario y tirarse a fondo. Todo lo demás es gana de perder el tiempo", dijo el poeta, y se sentó, satisfecho, atusándose las barbas..."

La escena era en el Café de Madrid, donde Valle-Inclán se reunía con escritores y artistas, jóvenes también, que aspiraban a ganar honra y provecho: Ramón de Godoy, Antonio Palomero, Camilo Bargiela, Francisco Sancha, Ricardo Marín, Rafael Urbano, Leal da Cámara—portugués—, más otros muchos, seguramente, que, tragados por el fracaso, ni siquiera dejaron el rastro de su nombre.

La consideración de la varia suerte reservada a este o aquel grupo de escritores y artistas resulta mucho más patética que en otro orden cualquiera de la actividad humana, porque en ninguno es, al parecer, la gloria tan tentadora, tan fácil el triunfo, tan duro el contragolpe, tan honda y angustiosa la caída. Coincidentes los literatos jóvenes, buenos o malos, en una peña de café, la vida, por lo común, no tarda en dispersarlos para hacerles subir a sillones académicos o dejarles caer en un lecho de hospital. Inicialmente, todos son iguales, porque ninguno aduce ejecutoria ni diploma que no sea su propia obra, y todos piensan que la harán. Quienes habían de hacerla entre los muchachos del fin de siglo ya se destacaban, realzados por la expectación de los demás, en frecuente contacto gracias a la vida de café y saloncillo.

Mezclando en la enumeración lo que sólo el tiempo jerarquizaría, Enrique Gómez Carrillo—joven escritor de Guatemala, antes atraído por París que por Madrid—hacía la siguiente cita en una crónica de *La Vida Literaria:* "... Llanas Aguilaniedo, el joven escritor, sincero y sabio, que servirá de portaestandarte a los seis u ocho artistas que representan ya la literatura nueva de España, la literatura artística, la única que ha sabido escribir en este siglo, la de los Benavente, Darío, Valle-Inclán, Zamaçois, Rueda, Luna, Palomero, etc.; la mía, si ellos y Dios me lo permiten..." Llanas Aguilaniedo murió a poco. Otros, aun llegando a viejos, no han hecho grandes cosas. Y huelga puntualizar quiénes son los que importan a la Historia de las letras hispánicas.

Jacinto Benavente hacia esta época ha estrenado ya *El nido ajeno* y *Gente conocida;* ha publicado también dos o tres libros, y su nombre sirve de punto de referencia para que los viejos y los nuevos riñan su batalla indefectible. Se distingue de sus compañeros de promoción por ser hijo de familia rica. Viaja, compra libros. Suele llevar consigo, entre periódicos o revistas de París y Londres, novedades literarias que muchos conocen por él: Gyp, Prévost, Wilde. Sigue también al día—a la hora—las murmuraciones de Madrid, comentándolas con agudeza epigramática. Valle-Inclán y Benavente se entienden muy bien y alternan en la dirección de las tertulias surgidas a su alrededor en el Café de Madrid o en el Inglés. Gentes de pluma o pincel hablan de literatura, incluso cuando tratan de temas pictóricos, por que, ¿no es muy literaria la pintura del fin de siglo? Hablan de los parnasianos y simbolistas—que Valle-Inclán defiende como cosa propia—; del teatro de Ibsen y del teatro del Bulevar, conocidos al detalle por Benavente; de los impresionistas, de Wagner, de Nietzsche... También de Polavieja, de Mazzantini, de las *varietés* que se exhiben en el Salón Rouge, y cargan contra los viejos maestros supervivientes—Echegaray es la víctima preferida—y contra los políticos, que no prevén nada ni acertarán a sacar con provecho la lección emanada, del Desastre inminente.

De la violencia de frase suele pasar Valle-Inclán a la de acción con cualquier pretexto. Valle-Inclán va siempre en tren de combate. Un día le encuentran en la calle de Alcalá dos escritores jóvenes llegados de Bilbao pocos meses antes: Ramiro de Maeztu y Manuel Bueno. Valle-Inclán brega a bastonazos con unos desconocidos. Manuel Bueno, que ya es amigo de Valle-Inclán, dice a Maeztu de quién se trata, y cuando se aperciben a intervenir en la liza a favor del acorralado D. Ramón, éste grita a Manuel Bueno: "Hidalgo: échese a la pared; cierre contra esos villanos..."

Manuel Bueno escribe prosa muy atildada en *El Globo*; Ramiro de Maeztu lee, sobre todo, y proyecta un libro que responda a sus preocupaciones en materia política e histórica bajo el título *Hacia otra España*. He aquí una expresión que da perfecta idea del anhelo que más mueve el ánimo de todos: anhelo de una Patria políticamente renacida, si bien en el planteamiento del tema se insinúe diversidad de enunciados. Por lo pronto, domina un criterio histórico. Es el que adopta Miguel de Unamuno, quien publica en estos días una densa novela: *Paz en la guerra;* es el mismo extraño autor que dos o tres años atrás hubo de despertar notorio interés con un ensayo: *En torno al casticismo,* aparecido en "La España Moderna", y el que polemiza con Angel Ganivet—su antiguo compañero de oposiciones a cátedras de griego—sobre el porvenir de la Patria en peligro. Unamuno, el menos joven de los jóvenes, vive en Salamanca, retenido por su quehacer docente. Alguna vez se asoma a los cafés y librerías de Madrid: adusto el gesto y a contrapelo el juicio, suscitando expectación. Un día se conocen Unamuno y Valle-Inclán en la calle de Alcalá. Pasean por el *Pinar de las de Gómez,* y a la segunda vuelta se separan, reñidos, tras agria discusión. Angel Ganivet, casi desconocido por más apartado y lejano, es Cónsul de España en tierras del Norte. Su *Idearium español* produce sorpresa y, con ella, admiración férvida. Sentimientos que corroboran, entre otros libros que aparecen y se suceden rápidamente, *Los trabajos del infatigable creador Pío Cid.* A poco, su trágica muerte añade luto a 1898. El cadáver de Ganivet en las aguas del Duina es el tributo de la inteligencia nacional al dolor de una fecha crítica: la expiación o el desagravio de ligerezas, frivolidades e inconsciencias...

Todavía existen Quijotes en España. España misma es un gran Quijote que hace la guerra a los Estados Unidos con más bravura que armamento. La fiebre patriótica hace delirar a algunos, y no falta quien sueña con izar la bandera española—"colores de sangre y oro..."—en el Capitolio de Wáshington, para escarmiento de mercaderes.

Pero un Quijote no suele comprender la insania de otros Quijotes, y Valle-Inclán, que cierta tarde—primavera de 1898—se cruza ante la Equitativa con una manifestación de estudiantes, desafía a uno que pide a grito pelado la cabeza del "Tío Sam". Se pegan, y mientras forcejea con los que tratan de separarlas, Valle-Inclán vocifera: "¡Patrioteros!..."

Tildan muchos de "pose" el prurito reñidor de Valle-Inclán. ¿No será que sufre su humor la exasperación del hambre?... Valle-Inclán llegó a Madrid con una credencial en el bolsillo: dos mil pesetas en el Ministerio de Fomento, con cargo al presupuesto de las obras de restauración que se venían realizando en la catedral leonesa. Le había procurado el destino su antiguo compañero González Besada—ya político influyente—; pero no se concebía Valle-Inclán reducido a la condición de empleado, y renunció a la nómina por su libertad de movimientos. Como de su casa de Galicia no podía recibir cantidad superior a la mensual de quince duros, por fuerza tenía que prescindir de comer lo necesario. Cinco o seis duros le costaba una habitación en la casa número 3 de la calle de Calvo Asensio. Con el resto compraba té, azúcar y alcohol. Antonio Palomero descubre una vez que Valle-Inclán lleva dos días sin comer. Se lo cuenta a Ruiz Contreras, en cuya casa se reúnen los jueves unos amigos: los consabidos, más Joaquín Dicenta y Ricardo Fuente. Para que Valle-Inclán se quede a cenar es preciso que Ruiz Contreras cuide de dar a su invitación un tono perfectamente normal y espontáneo. En otra ocasión se llega a saber que Valle-Inclán no tiene en la cama otro abrigo que su traje y algún periódico del día. A duras penas acepta unas mantas. "Pero si precisamente los periódicos para lo único que sirven es para abrigar...", afirma. La misma lógica de la necesidad le lleva a ponderar las virtudes alimenticias del agua de la Fuente de los Galápagos, en el Retiro. Como el dinero, cuando no basta, sobra, Valle-Inclán se desprende de sus quince duros, apenas cobrados, un día en que, paseando al azar, ve una camilla rodeada de gente.

"Un albañil que se ha caído del andamio—le dicen—. El pobre hombre no ha muerto, pero quedará inútil, por la pérdida de un brazo..." Alguien habla de un aparato ortopédico que podrá rehabilitarle para el trabajo y que sólo cuesta quince duros. "¡Ay, Señor! No los tengo ni quién me los dé", gime una mujer: la del albañil. "¿Cómo que no?...—replica Valle-Inclán—. Yo se los daré." Y se los dió (1).

Forzado a no gastar e incapaz de esgrimir el sable, Valle-Inclán pasa largas horas en su casa. De "principesco" le califica Gómez Carrillo. Por su altivez, su autoritarismo, su desprendimiento, Príncipe de un reino sin lista civil... Acostado produce cuartillas y cuartillas. Su pluma es más escru-

---

(1) Esta anécdota procede de *Troteras y danzaderas*, novela en que su autor, Ramón Pérez de Ayala, maneja un personaje, D. Alberto del Monte-Valdés, que es fiel reflejo de Valle-Inclán: "... un hombre flaco, barbudo y sombrío. A la primera ojeada, este hombre ofrecíase como el más cabal trasunto corpóreo de Don Quijote de la Mancha. Luego, se echaba de ver que era, con mucho, más barbudo que el antiguo caballero, porque las del actual eran barbas de capuchino; de otra parte, la aguileña nariz de Don Quijote había olvidado su joroba al pasar al nuevo rostro, y, aunque salediza, era ahora más bien nariz de lezna..."

pulosa que rápida. Escribe su segundo libro, *Epitalamio,* que le edita Antonio Marzo en la Colección Flirt, mediante los buenos oficios de Luis Ruiz Contreras, el amigo probado, amigo de sus amigos y de las letras; escritor él mismo, crítico y comediógrafo. Valle-Inclán no sabe ni quiere saber escribir a la medida del gusto de cada revista. Sólo colabora cuando su inspiración se lo permite, muy raramente: dos veces en *La Vida Literaria,* número 9, en que se inserta una "Impresión" de Méjico titulada *Tierra Caliente,* y número 15, donde publica el cuento *La Reina de Dalicam.* A la *Revista Nueva,* no obstante los requerimientos de Ruiz Contreras, su fundador, sólo da un original: la narración *Adega,* inserta en el número 6. (Ya hablaremos de *Adega* y de *Epitalamio.)* Aunque figura como redactor del semanario *Germinal,* únicamente publica un cuento: *El rey de la máscara* (1).

Presente en todas las conversaciones de los escritores que en ronda volante formaban las tertulias del Café de Madrid o del Inglés, de Fornos o de la Horchatería de Candela, estaba de continuo Rubén Darío. Sus *Prosas profanas* llegan de Buenos Aires en ondas de extraordinaria sonoridad. Hay quien le conoce personalmente desde el primer viaje del poeta a Madrid, en 1892, con ocasión de las fiestas conmemorativas del descubrimiento de América. Y todos le cono-

_____

(1) Este cuento—"cuento de sangre", dice su autor—, *El Rey de la máscara,* ofrece el singular interés de descubrirse en él el germen del personaje que más adelante se llamaría Bradomín: Bladamín, en esta primera versión. Véase "La generación española de 1898 en las Revistas del tiempo", por Guillermo de Torre. Artículo publicado en la revista *Nosotros;* Buenos Aires, octubre de 1941.

cerán cuando en los primeros días de 1899 vuelve a Madrid enviado por *La Nación,* de Buenos Aires. Feliz revelación para Valle-Inclán la de este peregrino amigo. Se reconocen mutuas inclinaciones estéticas, a la vez que en la impasible sencillez del español de Nicaragua encuentra un saludable contrapeso el impulsivo español de Galicia.

A Rubén Darío todo lo de España le sabe a cosa conocida, amada y sabrosísima. Pero le sorprende algo, según su primera crónica: "Al pasar por la típica Puerta del Sol veo cortar el río de capas o el oleaje de características figuras, en el ombligo de la Villa y Corte, un tranvía eléctrico. De todas maneras, Madrid es el de siempre: Una carreta tirada por bueyes, como en tiempo de Wamba, va entre los carruajes elegantes por una calle céntrica. Los carteles anuncian con letras vistosas *La chavala* y *El baile de Luis Alonso;* los cafés, llenos de humo, rebosan de desocupados; entre hermosos tipos de mujeres y hombres, las gentes de Cilla, los monigotes de Xaudaró, se presentan a cada instante; Sagasta, olímpico, está enfermo; Castelar está enfermo; España ya sabéis en qué estado de salud se encuentra; y todo el mundo, con el mundo al hombro o en el bolsillo, se divierte. ¡Viva mi España!..." (1). Todo le entusiasma al corresponsal de *La Nación,* hasta aquello de que abominan sus contertulios y camaradas de Madrid. Núñez de Arce le parece "sin duda alguna el primer poeta de la España de hoy". No le indigna que Romero Robledo proponga la coronación de Cam-

_____

(1) *España contemporánea,* colección de artículos, por Rubén Darío.

poamor, y encuentra amenos los salones de tipo académico a que su cándida curiosidad le asoma.

Rubén Darío, Unamuno, Valle-Inclán, Maeztu, Benavente... En la misma espontánea formación—tuvieran o no conciencia de grupo—figuran José Martínez Ruiz—después "Azorín"—, que llega de Monóvar y Valencia: singularizado por su silencio y su monóculo; es redactor de *El País* y apresura la conquista del renombre, lanzando folletos explosivos, como el reciente *Charivari,* que causa gran escándalo. Y Pío Baroja, que acaba de establecerse en Madrid, cansado de sus enfermos de Cestona, ya ha publicado algunos artículos en *El País* y en *El Globo,* y pronto será el autor de *Vidas sombrías.* Un oscuro y cierto llamamiento de generación concentra en la capital de España a jóvenes escritores que reaccionan contra la tradición inmediata, pretendiendo hacer una obra personal y distinta.

Alboreaba el siglo xx, a la hora misma en que los españoles sentían la tristeza del poniente solar sobre los mares que fueron suyos. Tristeza relativa, dígase lo que se quiera. ¡Estaba todo tan previsto!... ¡Y tan lejos lo que se perdía!... Las gentes cantaban el coro de repatriados de *Gigantes y cabezudos* con el mismo tono que meses antes la *Marcha de Cádiz.* En Madrid seguían mandando los mismos hombres y los mismos gustos. Pero ya le llegaban las primeras cintas cinematográficas y los primeros coches automóviles.

6

## LOS DEL 98: LOS MODERNISTAS

Quien habló por primera vez de la "generación del 98" —"Azorín", mientras no se demuestre lo contrario— no se podía figurar el largo camino que había de hacer su frase, levantando constante polvareda de encontrados comentarios. Esto no ocurre en ningún caso sin que se enturbie u oscurezca el objeto mismo de la discusión. Y así sucede que cuantos se refieren a la "generación del 98" no se la representan de igual manera, entre otras razones, porque algunos suelen faltar a la exigencia cronológica de aquel enunciado, haciéndole extensivo, por un lado, a Joaquín Costa; por otro, a Gabriel Miró o a Ramón Pérez de Ayala. Errores de hecho que influyen en otros errores de juicio, en virtud de los cuales se asigna a grupo tan controvertido una fisonomía que verdaderamente no le corresponde.

Los escritores que, en estricto sentido, pueden ser abarcados por esa rúbrica de la "generación del 98", son aquellos que, naciendo a las Letras en la última década del siglo XIX, se dejan impresionar por el Desastre que privó a España de sus últimas colonias y realizan una obra genuinamente literaria—aunque no exenta de motivación política—, difícil de explicar por los antecedentes inmediatos. Obra genuinamente literaria, decimos, porque es así como se diferencia la generación del 98 de otros escritores que también acusan—más intensa y directamente por cierto—la influencia de la quiebra colonial; pero que, aparte de ser mayores en edad, orientan sus trabajos y preocupaciones en un sentido ajeno a la Literatura. Es el caso a que sirve de cumplido ejemplo Joaquín Costa, aquel terrible y anómalo Costa, tan desesperadamente enamorado de España que hubiera llegado al crimen pasional. Es el caso, con diferentes valor y modalidades, en que se encuentran catedráticos como Macías Picavea, académicos como Damián Isern, periodistas como Luis Morote, médicos como Madrazo, que hacen Economía y Estadística, Sociología y Política...

Los del 98, por el contrario, hacen Literatura ante todo, y porque no excluyen ningún tema de su juego literario es por lo que nace y florece el ensayo, modo irresponsable y sugestivo de tratar lo más arduo. Se hace, por uno o por otro, Filosofía literaria, Economía literaria, Historia literaria, Geografía literaria, etc. Y, por supuesto, Literatura muy literaria. Como no deja de haber alguna continuidad entre estos escritores que nacen a su vida profesional, según antes decimos, hacia 1898 y aquellos otros hombres, ya maduros, que con mucho de arbitristas trataban de remediar los males sobrevenidos, acaso podamos descubrir ese tasado contacto en Angel Ganivet y, en otra escala, en Unamuno y Maeztu. Continuando a esta luz el descenso, de mayor a menor, salvando calidades, enumeraríamos a Baroja, "Azorín", Benavente, Valle-Inclán. Estos dos últimos ya no tienen cosa que ver con los viejos terapeutas del Desastre, y encabezan la serie de los *modernistas* que sólo tangencialmente tocan a la generación del 98 y proceden de Rubén Darío, cuya influencia señaladísima en poesía se hubiera producido con Desastre y sin él. Rubén Darío, al fin, por español que se sintiese, era americano, y su Musa vino desde el Continente de las selvas y los rascacielos, por el mar y por París. Los modernistas no tienen de políticos absolutamente nada, y para más rotundo despego de cierta clase de temas, el verso es su forma predilecta de expresión.

Entre los economistas, sociólogos, profesores, etc., que hacen del Desastre materia de sus preocupaciones, y los poetas del modernismo que puebla un mundo más o menos irreal está, pues, la "generación del 98", si bien mucho más cerca de los segundos que de los primeros cronológica y estéticamente. Los del 98 y los modernistas coinciden en aspirar a definirse por contraste respecto a quienes pudieran ser sus maestros: los escritores consagrados en los años que van de la Revolución de septiembre a la Regencia. A las truculentas y anormales situaciones dramáticas de Echegaray contrapone Benavente el tono menor de la vida cotidiana. Del realismo costumbrista de Pereda o la Pardo Bazán, Valle-Inclán se evade por la fantasía; "Azorín", por el detalle precioso, y Baroja, por los juegos de ideas. Los artículos de Maeztu en nada se parecen a los de Burell: no son brillantes, sino densos. El público que abriera los ojos de su razón a la reverberación mediterránea de Castelar no se acostumbra a las sombras y esquinas de las interpretaciones filosóficas e históricas de Unamuno. Frente a la poesía elocuente de Núñez de Arce o a la sentenciosa de Campoamor, Rubén Darío presenta, en versos de muy antiguas y muy modernas resonancias, sus "cisnes unánimes en el lago de azur".

Todos han leído los mismos libros extranjeros, acarreados por el gusto universal que renuevan los poetas simbolistas y los novelistas del naturalismo francés —con el belga anexionado Mauricio Maeterlink—, los novelistas rusos recién descubiertos, algún inglés como Wilde, un alemán de tan formidable empuje como Nietzsche, un italiano tan sugestivo como D'Annunzio. Todos coinciden en aspirar a una obra personal, de acento distinto, brindada a cierto tipo de lectores. Todos buscan y rebuscan la emoción de España en lo menos conocido o mal valorado: los Primitivos, el Greco, Castilla, las Artes populares. Todos desean una España sin partidos turnantes, sin disociación de lo oficial y lo real, que reanude, en líneas de prudencia, no la Historia de sus guerras, sino la de sus empresas pacíficas. Todos gustan de resucitar viejas palabras, de aliviar las cláusulas de pesos superfluos. Todos hablan de regeneración y detestan el punto y coma...

El abolengo de los modernistas empieza en Baudelaire. Pero los del 98 lo hallan en Larra, su antecesor más próximo.

Y al paso que éstos se plantean, de un modo o de otro, el "problema de España", aquéllos creen que la Estética—precisamente la suya—es la razón suficiente del mundo.

Los escritores nuevos se infiltran como pueden en periódicos y revistas, si es que no fundan otros a los que puedan comunicar su aliento propio. *Madrid Cómico* responde típicamente a la desigual situación de las letras entonces vigentes: desde "Clarín" hasta Sinesio Delgado. Pero que sea su redactor-jefe, como llega a serlo en 1898, Jacinto Benavente, indica que la capitulación de *Madrid Cómico* no es imposible. Ya colaboran en sus páginas Unamuno y Martínez Ruiz. Rubén Darío publicará su *Sinfonía en gris mayor...* Mas Leopoldo Alas, director del periódico, no se entrega fácilmente. A pesar de marcar él significativas variantes en la novela y en la prosa de su tiempo—mucho más, desde luego, que en sus críticas—, a pesar de su curiosidad y juventud intelectuales, se resiste a la solidaridad con los nuevos, y si en un *Palique* se decide a elogiar a Ganivet, no lo hace sino a costa de los demás: "Angel Ganivet—dice—es un escritor de mucho talento y de originalidad no rebuscada, ni... esdrújula, como la de otros nuevos, muy listos, muy eruditos, pero que se me indigestan como la langosta, que también es cosa rica; pero se me indigesta..." El momento en que "Clarín" deja de dirigir *Madrid Cómico* representa la primera escaramuza ganada por los recién llegados. "Cuando vean ustedes—dice "Clarín" a sus lectores en 3 de septiembre de 1898—cosillas afrancesadas, melancólicamente verdes (verdinegras, pues lo melancólico es negro), desnudeces alicaídas, secciones extravagantes y otros artículos, háganme el favor de pensar que yo eso lo tolero, pero no lo apadrino..."

Si Leopoldo Alas se pronuncia de esta manera, no sorprende que Joaquín Dicenta reaccione del modo agrio y pintoresco que mejor le cuadra. Una noche hace subir con él a la Redacción de *El Liberal* al cochero del simón que le ha conducido hasta allí, para darse el gusto de que grite, por orden suya, debidamente aleccionado, ante Alfredo Vicenti: "¡Muera Valle-Inclán!" El autor de *Juan José*—en el apogeo de su popularidad—y el autor de *Femeninas* suelen coincidir en el Café Inglés, con Benavente, Manuel Bueno, Enrique Fernández Bahamonde, "El Abate Pirracas"—militar y revistero de teatros—, un tal "Bachiller Estepa", etc., y discuten violentamente. En una de estas ocasiones, tan reñidas, al tildar Dicenta de afeminado el arte nuevo, es cuando Valle-Inclán comprende que les llaman "decadentes, porque no tienen la sensibilidad de los jayanes".

*La Vida Literaria* es revista en que se polariza el modernismo de cuentistas y poetas, aspirando a ganar la atención de un público amplio, con habitual portada en colores y abundancia de grabados. La dirige Jacinto Benavente; lleva su primer número la fecha del 7 de enero de 1899, y a lo largo de la publicación—que no dura mucho—firman los distintos trabajos, en prosa o verso, Rubén Darío, Unamuno, Martínez Sierra, Gómez Carrillo, Bernardo G. de Candamo, Manuel Machado, etc. Y los dibujos, Ramón Casas, Nonell, Torres García, Ricardo Marín... Responden bien al momento la atención a las literaturas regionales—la catalana, en primer término—y las traducciones de D'Annunzio, Nietzsche, Stechetti... *Revista Nueva,* que funda Luis Ruiz Contreras, nace un mes después que *La Vida Literaria,* el 15 de febrero, y extrema la selección de los colaboradores. Predominan críticos y ensayistas, término este último aún poco difundido: Martínez Ruiz, Ramiro de Maeztu, Baroja, el mejicano Francisco A. de Icaza, poeta y diplomático... Más un poeta nuevo: Francisco Villaespesa, que prolonga la tradición romántica y bohemia, de la que sus coetáneos indudablemente se desentienden, y un nuevo prosista: Felipe Trigo, médico militar, inválido de la guerra en Filipinas, que se acoge al asilo de la Literatura y tantea la novela psicológica.

Muy escasa—atrás queda dicho—es la colaboración de Valle-Inclán en las revistas de fin de siglo. No publica en ellas artículos propiamente dichos, sino fragmentos o anticipos de algún libro. *Adega,* en *Revista Nueva,* es el embrión de *Flor de santidad,* libro aparecido cinco años más tarde. Hacer libros es lo que le interesa. Después de *Epitalamio,* en 1897, viene *Cenizas,* en 1899.

*Epitalamio* es un cuento cuya protagonista, Augusta, se incorpora al grupo de *Femeninas* por la fuerza de la sangre. Denuncia *Epitalamio,* desde luego, la misma genealogía, sólo que la línea de D'Annunzio se acusa más en Augusta que en sus hermanas de *Femeninas*. La saturación d'annunziana de la atmósfera que se respira en *Epitalamio* es enorme, y si se advierte algo que sea distinto, denota la influencia de Rubén Darío, evidentemente afín por lo que el nicaragüense y el italiano tenían de paganos. No olvidemos que si Darío gustaba del siglo XVIII francés, no prefería menos, en su repertorio histórico-literario, el Renacimiento italiano, de que D'Annunzio se consideraba fideicomisario. Valle-Inclán cede al hechizo de là "tradición erótica y galante del Renacimiento florentino", y no prescinde de algún que otro tópico dieciochesco. En un fondo de jardín con terrazas, escalinatas y arcos, palomas y enredaderas, coloca el dúo amoroso de Augusta del Fede, "matrona lozana y ardiente", y el Príncipe Attilio Bonaparte, "poeta galante y gran señor"; dúo que desenlaza la boda del galán con la hija de su dama. Aunque Valle-Inclán siente la preocupación del Aretino—al que nombra—, bien se ve que las noticias de un mundo sensual, licencioso y cruel, le llegan de más cerca: de *El placer* y la *Gioconda,* por lo que hace a D'Annunzio. Pero repetimos que Rubén Darío, el de *Prosas profanas,* aporta lo suyo a la decoración de *Epitalamio* y a la heroína misma. La Augusta de Valle-Inclán "reía, reía siempre", de igual suerte que la Marquesa Eulalia, de Rubén Darío, "ríe, ríe...".

Mientras Valle-Inclán se adueña por entero de esos paisajes y de esos tipos de hombre o mujer—dominio que consolidará en las *Sonatas*—, ensaya, por otra parte, un estilo más natural, pero más deslucido, en *Cenizas,* que también, por cierto, se relaciona con *Femeninas.* Como que *Cenizas* es el desarrollo y escenificación del cuento *Octavia Santino,* incluído en aquel volumen. El autor pretende dar al asunto un giro francamente realista, complicándolo con la intervención directa de la madre, la hija y el marido de la protagonista, y con más intencionados actos de presencia del padre Rojas, jesuíta. Pero le resulta un drama claramente influido por el teatro que Galdós venía cultivando a partir de *Realidad*. Y como el modernismo concedía extraordinaria importancia a lo exterior y decorativo de los libros, *Epitalamio* y *Cenizas* descubren una común filiación en su formato: alargado y cuadrado, respectivamente. También había sido D'Annunzio el que llevara a las artes del libro un afán innovador y ornamental. Los dibujantes colaborarán con los escritores modernistas en las portadas, letras capitulares y colofones. La caja de la composición se dejará achicar por orlas historiadas. Los prólogos se llamarán "atrios" o "pórticos"... Determinadas ediciones de Plon o de Lemerre contribuyen a fijar el patrón del libro modernista.

Por mucho que los libros de Valle-Inclán se ofrezcan un tanto extraños y llamativos en los escaparates de Pueyo o de Fe, se venden muy poco. "¿Por qué no ser actor—piensa Valle-Inclán un día—, entre tanto llega la hora del triunfo?..." Cuando decide acogerse a la mediación de Benavente para ingresar en la compañía de la Comedia, dice nuestro hombre por toda explicación a sus amigos: "Sí. Quiero que Emilio Thuillier aprenda a hacer comedias..."

Empeñado en no quitarse la barba ni la melena, cabe suponer que D. Ramón—ya le llaman así—no piensa seriamente en dedicarse al teatro. Pero Benavente idea un tipo en su nueva obra, *La comida de las fieras*—que le había inspirado la reciente subasta de los bienes del Duque de Osuna, efectuada en su antiguo palacio de las Vistillas—, para que

Valle-Inclán lo interprete, tal como es, sin más que forzar humorísticamente un poco las líneas de su propio carácter. Con lo que la veleidad teatral de Valle-Inclán queda muy llanamente satisfecha. La obra se estrena el 7 de noviembre de 1898. Encabezan el reparto: Carmen Cobeña, que hace de Victoria; Emilio Thuillier, de Hipólito, y Agapito Cuevas, de Luis Tomillares. Interviene también una actriz extremadamente joven: Josefina Blanco, que hace de Anita. El debutante Valle-Inclán se encarga del papel de Teófilo Everit, poeta de los que son llamados "decadentes", "estetas" o "modernistas". El papel es muy breve, pero suficiente para fijar los rasgos, en caricatura, de un nuevo modo literario de ser. En el acto primero, ante un retrato que se va a subastar, Teófilo Everit, esto es, Valle Inclán, se expresa de esta manera:

"De autor desconocido, así dice el Catálogo, y por eso no agrada. ¡Oh, qué retrato!... Una dama italiana del Renacimiento; una patricia, tristemente altiva, con la altivez desolada de las altas cumbres solitarias; sugestiva como la *Gioconda* de Leonardo de Vinci o la Nelly de Reynolds; con los ojos glaucos, felinos y las manos... ¡Oh, las manos! Dignas de un soneto de Rossetti, manos liliales..." Otro personaje—Teles—interrumpe: "Por menos encierran..." Y así queda apuntada, burla burlando, la actitud recelosa del burgués y del "filisteo" respecto al artista del nuevo estilo. Valle-Inclán dijo su parte con mucha soltura, y los críticos al día siguiente citan su nombre entre los demás intérpretes sin especial atención, salvo "Zeda" en *La Epoca,* que encomia "el aplomo y la discreción del debutante". Pero el suceso, naturalmente, no es la presentación de este actor imprevisto, con merecer la anécdota los comentarios que inspira en los cenáculos literarios. El suceso es la obra misma, nuevo impulso que cobra la fama de Benavente, todavía ajeno al gran público, sin duda; pero dueño ya de la crítica. Uno de estos hombres del escalpelo—"Juan Sin Tierra"—se da cuenta en *Nuevo Mundo* de las novedades que acarrea *La comida de las fieras*. "No aparecen en la obra—escribe—ni una mala carta traicionada; nadie habla de torrentes ni de alimañas, para atraerlos a comparaciones pirotécnicas..."

La interpretación de un corto papel en *Los Reyes en el destierro*—arreglo escénico de la novela de Alfonso Daudet por Alejandro Sawa—pone rápido punto final a la brevísima actuación de Valle-Inclán, cómico.

El modernismo—del que son definidores Rubén Darío y Valle-Inclán, hombres ya hechos y derechos—recluta sus adeptos entre los adolescentes. En ronda volante, frecuentan juntos los cafés día y noche. Una de las veces que se reúnen en Pidoux los retrata literariamente, pasado mucho tiempo, el último y más joven de los incorporados al grupo (1). Valle-Inclán lee en alta voz *Cosas del Cid*, de Rubén Darío, versos publicados en *La Ilustración Española y Americana*. Rubén Darío oye extático. "Rubén Darío, chaquet negro y negro sombrero de media copa, totalidad estropeada, soñolienta, perdida. Valle, pantalón blanco y negro a cuadros, levita

---

(1) "Ramón del Valle-Inclán (Castillo de quema)", por Juan Ramón Jiménez. Folletón publicado en *El Sol;* Madrid, 26 de enero de 1936.

café y sombrero humo de tubo, deslucido todo. Rubén Darío estalla sus galas con brillo; a Valle, la gala opaca, funeral, le sobra y le cae por todas partes. Rubén Darío, botarga, pasta, plasta, no dice más que *admirable* y sonríe un poco, linealmente, más con los ojillos mongoles que con la boca fruncida. Valle, liso, hueco, vertical, lee, sonríe abierto, habla, sonríe, grita, sonríe, aspaventea, sonríe, va y viene, sonríe, entra y sale. Salen. Los demás repiten *admirable, admirable,* con vario tono. *Admirable* es la palabra alta de la época; *imbécil,* la baja. Con admirable e imbécil se hizo la crítica modernista. Rubén Darío, por ejemplo, admirable; Echegaray, por ejemplo, imbécil..."

El toma-vistas de Rubén Darío y Valle-Inclán se llama Juan Ramón Jiménez, de Moguer: "Diecisiete años; macferlán gris y bombín negro." Acompaña a Valle-Inclán en esa misma noche a otro café: a la Horchatería de Candelas, servida por camareras. Valle-Inclán le habla por el camino de Espronceda. Ya en la horchatería, "Valle se sienta en la mesa final, saca un número de *Alrededor del Mundo,* revista que publica cuadros clásicos en sus portadas, lo pone sobre una botella de agua y se queda absorto, inefablemente sonreído, ante la *Primavera,* de Botticelli...".

Los modernistas tienen su plástica, como la producen también los del 98. ¿No equivalen los cielos tormentosos, los pueblos hostiles, los paisajes agrios, los tipos extraordinarios de Zuloaga, a ensayos de Unamuno y novelas de Baroja?... En la Exposición Nacional de 1899 los cuadros que llaman la atención son los de Rusiñol, Mir o Pichot. (En la

Sala del Crimen, un paisaje de Regoyos y una figura de mujer de Pablo Ruiz Picasso.) Llegan por Barcelona a Madrid aires de la pintura de París, que soplan en todas las esquinas de España, alentando no ya la pintura artística, sino la aplicada a los reclamos comerciales. Es el momento en que los carteles adquieren una cierta voluntad de arte. ¿Será el modernismo la estética de los fabricantes?... Surgen arquitectos modernistas, jardines modernistas, muebles modernistas... Los fabricantes, efectivamente, llevan el modernismo a sus casas y torres de Barcelona por conducto de Gaudí o de Montaner, y a la propaganda de su negocio. Los bizcochos y galletas de Grau y Compañía son anunciados por un cartel de Riquer. El *champagne* Codorníu, por otro de Utrillo...

La Naturaleza modernista irradia por todas partes los elementos que se apropia de aquí o de allá, desde la letra inicial de un Códice viejísimo hasta un cartel reciente de Alfonso Mucha; nenúfares y libélulas, hadas y dragones. Pierrots y Princesas, nimbos de santidad, aguas dormidas, arpas, Lohengrines, cuervos, lunas, mármoles mutilados, esquifes, chinerías, pasos de gavota o minué, rosas y crisantemos, *totum revolutum.*

## 7

## A BRAZO PARTIDO

Café madrileño, escenario indefectible de la vida del escritor. Café de la Montaña, en esta determinada tarde de julio de 1899. Valle-Inclán, con sus amigos, ocupa una mesa inmediata a la puerta. Se habla del desafío pendiente entre dos contertulios: el dibujante portugués Leal da Cámara y un muchacho andaluz apellidado López del Castillo. La querella había partido de la discusión que sostuvieran noches antes, en un corro del paseo de Recoletos, sobre la valentía de españoles y portugueses. Valle-Inclán pontifica acerca del caso, y trae a cuento, ampliando la cuestión, doctrinas respecto al honor y su vindicación en duelo, aprendida en el *Tratado de los rieptos y desafíos,* de Mosén Diego de Valera, y en los modernos, cuanto anómalos Códigos, que rigen los lances entre caballeros a lo Cabriñana. Escuchan a Valle-Inclán, Gregorio Martínez Sierra, Francisco Sancha, Pedro González-Blanco, José Ruiz Castillo... Manuel Bueno, que acaba de llegar, y que todavía está de pie, intenta cortar el debate:

—No se canse usted, Valle; el duelo no se puede celebrar, porque Leal da Cámara es todavía menor de edad...

—¿Qué entiende usted de eso, majadero?...—replica airado Valle-Inclán.

Manuel Bueno, según el testimonio del caricaturista Sancha (1), da un paso atrás y apresta el bastón que lleva. Valle-Inclán instantáneamente toma la botella del agua por el cuello y trata de aporrear a Bueno, salpicando a los circunstantes. El bastón de Bueno cae sobre el brazo izquierdo de Valle-Inclán. Este golpe, sin consecuencias, al parecer, y un "fracaso de cristales", sustancian la rápida disputa. Pero un gemelo del puño ha desgarrado la muñeca de Valle-Inclán. Este se despreocupa de lesión tan leve y no se previene sobre la posible infección. A los pocos días, la mano, inflamada y dolorida, le hace consultar a un médico, y como no basta la dilatación del flemón difuso producido, llega a plantearse el dilema de amputar o no el brazo. Valle-Inclán prefiere la afirmativa, porque había leído en el *Heraldo* que el torero Angel Pastor pasó por graves complicaciones, después de un accidente en Aranjuez, por vuelco de carruaje, en que sufrió la fractura de un brazo. El doctor Barragán, por fin, corta el de Valle-Inclán, quedando maravillado el cirujano de la fibra del operado. Tiempo adelante contaría Valle-Inclán, redondeando el efecto de su entereza, que hubo de pelarse el lado izquierdo de la barba para ver su hombro y darse mejor

---

(1) "Un duelo en mil ochocientos noventa y tantos." Artículo publicado en la revista *Ciudad*; Madrid, 1935.

cuenta de la operación en el momento mismo de serle practicada.

La verdad es que la fantasía de Valle-Inclán había encontrado en el suceso un poderoso excitante. La pérdida de su brazo izquierdo se prestaba, efectivamente, a distintas versiones, según la calidad de los oyentes. En ratos de buen humor, dió referencias como ésta: explorando una vez la selva mejicana, advirtió que le acechaba un león cuya mirada traslucía hambre. Valle-Inclán requirió fulminantemente un cuchillo y se cortó el brazo, arrojándolo acto continuo a la fiera, que, satisfecha con el regalado manjar, dejó al explorador seguir su camino. Es una manera más de explicar la pérdida del brazo, entre las mil y una registradas por Ramón Gómez de la Serna en *Muestrario,* al acumular su fantasía y humor a los de Valle-Inclán.

Total: Valle-Inclán se quedó manco, pero conservaba la mano derecha para estrechar la de Manuel Bueno—como dijo a éste—cuando recibió su visita días después. "Y lo pasado, pasado..." Para allegar fondos que le permitiesen adquirir un brazo artificial lo más perfecto posible, los amigos de Valle-Inclán pensaron en utilizar el grupo llamado "Teatro Artístico", del que formaban parte algunos de ellos, aficionados o profesionales. El "Teatro Artístico" ya había dado algunas representaciones en el teatro de las Delicias, de Carabanchel Alto, cuyo empresario era Antonio Vico, hijo. Una vez se puso en escena *Juan José,* interpretando los primeros papeles Julia Sala y Antonio Perrín. Otra, bajo la dirección escénica de Valle-Inclán, *La fierecilla domada,* a cargo de una actriz novicia, Concha Catalá, Benavente y Martínez Sierra. Ahora, a beneficio de Valle-Inclán, su drama en tres actos *Cenizas*. Esta función se celebró en el teatro Lara el 7 de diciembre de 1899. Se vendieron todas las localidades, no obstante los altos precios; pero el público no se sintió un instante conmovido ni interesado e incluso frisó en burlona protesta cuando la actriz que personificaba a Octavia—predestinada a morir de tuberculosis, recién abandonado el lecho—se presentó en escena pintada con exceso de colorete y oprimida con un corsé que a duras penas reducía su natural gordura. La autoridad de Morano, que hacía de Don Juan Manuel, en intervención muy breve, pero a tiempo todavía de conjurar la tormenta, por coincidir con el desenlace, evitó el que el fracaso fuera total y ruidoso. Benavente y Martínez Sierra, extremando su afición, defendieron bien sus personajes: Pedro Pondal y Padre Rojas. Para completar el espectáculo se estrenó la comedia, en un acto, de Benavente, *Despedida cruel,* interpretada por Josefina Blanco, el propio autor y Martínez Sierra. Los periódicos no consagraron a esta velada de Lara la menor atención; pero el "Teatro Artístico" hizo imprimir *Cenizas* en libro que el autor dedicó "A Jacinto Benavente, en prenda de amistad".

Transeúnte típico de las calles de Madrid y frecuentador infatigable de cafés—"mirón de las mojigangas"—, Valle-Inclán evoca así los años que dan entrada al siglo xx, sesgándolos en giro anecdótico y satírico: "¡Grotescas horas españolas, en que todo suena a moneda fullera! Todos los valores tienen hoja: la Historia, la Política, las Armas, las Academias. Nunca había sido tan mercantilista la que entonces empezó a llamarse la Gran Prensa: G. P. ¡Maleante sugestión tiene el anagrama!... Cuando era Areópago la puerta de Lhardy. El gran Agustinazo, el gran Alejandro, el "Abate Pirracas", eran allí sibilas y oráculos. Lucía sus corbatas el inevitable Morote. ¡Tiempos babiones aquellos! Iba de gigantón en todas las procesiones D. Alberto Aguilera. En los entierros y pasos de lucimiento ya cojeaba, de espadín y sombrero apuntado, el Conde de Romanones. La Infanta Isabel estaba en todos los teatros, vestida de verde, y se dormía en todos los conciertos. Estrenaba Echegaray. Era flor de la literatura castiza Mariano de Cávia. Un Petronio, Medrano. Atico, el Conde de Esteban-Collantes. Moreno Carbonero, pintor de las Reales personas. Poetas de casa y boca, Grilo y Cavestany. El Conde de Casa-Valencia esplendía en la Real Academia Española. Rubén Darío, meditabundo, enfrente de su ajenjo, alcanzaba las bayas de los mejores ingenios, y la juventud modernista, con sus azufres galicanos, provocaba el estornudo patriota. La contaminación literaria era el tema que, de madrugada, discutían por las tascas García y D. Mariano..." (Alude a Cávia y su criado) (1).

Personal y literariamente era Valle-Inclán el más fiero de los modernistas, y, naturalmente, tenía que chocar en mayor grado que otro alguno con las dificultades de acceso a teatros y a periódicos. Un concurso de cuentos, abierto por *El Liberal* en enero de 1900, tienta a Valle-Inclán, con la posi-

---

(1) Prólogo de Valle-Inclán a *El Pedigree,* de Ricardo Baroja.

bilidad de un rápido camino que le lleve a la expansión de su nombre, y acude con el cuento *Satanás,* en el que reelabora la leyenda de Garín.

En 667 se totalizan los cuentos presentados, enjuiciándolos un Jurado compuesto por escritores de mucho viso: don José Echegaray, D. Juan Valera y D. Isidoro Fernández Flórez. Se concede el primer premio a *Las tres cosas del tío Juan,* de José Nogales—muy influído por las preocupaciones político-sociales del 98—, y el segundo a *La Chucha,* de Emilia Pardo Bazán o de Vicente Blasco Ibáñez, si es verdad, como se dijo, que estos escritores, unidos por estrecha amistad, trocaron las firmas correspondientes al original presentado por cada uno. La narración de Valle-Inclán no podía pasar inadvertida, por lo menos, a la sagacidad crítica de D. Juan Valera, quien en una de sus cartas a *El Correo de España,* de Buenos Aires, confiesa que el Jurado pasó por la duda de "que tal vez merecía el premio tanto o más que ninguna otra". "Pero el Jurado se retrajo de darlo—agrega—por lo espeluznante, tremendo o escabroso del asunto." "Como quiera que ello sea—sigue diciendo Valera—, el cuento de *Satanás* está escrito con enérgica concisión de estilo, con mucha riqueza de color y con el envidiable poder de dar vida a los personajes y de grabar hondamente en la memoria de los lectores la figura y el carácter de ellos..." "El cuento de *Satanás,* digno en mi opinión de todo elogio, es obra de D. Ramón del Valle-Inclán, escritor joven todavía, según parece, de éstos que llaman modernistas, cuyo arte de escribir no repruebo yo cuando se ejerce con moderación y con tino y cuando quien lo ejerce tiene talento" (1). No concede Valera, como se ve, mucha beligerancia al modernismo: casi tan poca como Leopoldo Alas. No es extraño que "Melitón González" y Pérez Zúñiga lo vejen en sus burdas parodias.

En otras ocasiones de apuro económico, Valle-Inclán había aceptado, a 50 pesetas por cuaderno, en trabajo anónimo, el encargo editorial de convertir en novela la zarzuela de Arniches *La cara de Dios,* estrenada con mucho éxito, y también había confeccionado versos que sirviesen de anuncio a un específico—"Harina plástica"—para las enfermedades del estómago. Pero ahora trabaja con mucho más gusto: traduce para la Casa Maucci, de Barcelona, algunas novelas de Eça de Queiroz: *La reliquia, El primo Basilio, El crimen del Padre Amaro.* Este trabajo—a lo largo de 1901—le transporta a sus días de Pontevedra, por ser Muruais muy aficionado a la lectura de Eça de Queiroz; le hace respirar un ambiente muy afín a su propio arte y le resulta, en definitiva, de verdadera colaboración.

Pero vuelve al ánimo de Valle-Inclán la idea de huir de la literatura. O, mejor dicho, prefiere vivirla, soñando negocios maravillosos. Negocio, a su manera, es descubrir minas. Alguien le ha hablado, por lo visto, de la posibilidad de encontrar nuevos yacimientos de cinabrio en las inmediaciones de Almadén. Y a la Mancha se va. Una noche de crudo invierno, como tantas otras de cuento, cruzando a caballo los alrededores de Valdemanco, a orillas del Esteras, se le dispa-

---

(1) Véase *Ecos argentinos,* págs. 311 y sig.

ra la pistola, con tan mala suerte, que se hiere en un pie. Sobreponiéndose al dolor, se hace una cura como Dios le da a entender, resuelve regresar a Madrid y se dirige a Almadenejo, estación ferroviaria más próxima, para tomar el tren de Badajoz a la Corte. No habría encontrado asiento de no ofrecérselo, en un "reservado", un viajero, en cuya gallardía y elegancia reconoce inmediatamente a D. Segismundo Moret. Valle-Inclán llega a Madrid consumido de fiebre y de dolor. La asistencia del doctor San Martín y de su ayudante el doctor Goyanes—estudiante aún—devuelve al pie herido su normalidad, previa la extracción del proyectil (1). Pero la curación no se realiza sino en tres meses. A ratos perdidos, en su cama de convaleciente, Valle-Inclán escribe, con renovada ilusión, una novela titulada *Sonata de Otoño*, arranque probable de una serie...

Otra vez la tertulia, el paseo, la excursión. Los amigos del grupo son muy andariegos, como si les uniera el destino de arrancar nuevas emociones a la España auténtica y humilde, vieja y perenne, de pueblos y campos perdidos. Pío Baroja—que ya es el autor de las *Aventuras, inventos y mix-*

---

(1) "El maestro—el doctor San Martín—era por aquella fecha cirujano de la Asociación de la Prensa y amigo y asistente a la "peña" de café de Valle-Inclán. Este afirmó que el accidente había sido casual, pero se murmuraba algo sobre un lance de honor donde había damas de por medio. Lo cierto es que tenía un proyectil alojado no muy profundamente en un pie. Vivía Valle-Inclán entonces en una miserable bohardilla de la calle de Argensola, y, por razones económicas, hubo de ser operado en su misma casa. Recuerdo que sufrió la operación con anestesia local (deficiente era siempre en aquella época), con estoicismo, extrayéndole el proyectil y curando sin complicaciones." De una carta del Dr. Goyanes al autor de este libro.

*tificaciones de Silvestre Paradox*—, su hermano Ricardo —siempre inquieto, verboso, fraseólogo, como un personaje de Pío—, José Martínez Ruiz—próximo a transustanciarse en Antonio Azorín—, Manuel Bueno, despreocupado; el preocupado Ramiro de Maeztu; Valle-Inclán, con humos de jefe de partida; alguno más, cubren muchos itinerarios caprichosos de Castilla, Extremadura, Aragón, sin eludir el viaje a pie. En una ocasión, volviendo por la carretera de Toledo a Madrid, vieron venir en sentido contrario un tropel de toros de lidia. Gritaron los vaqueros, reclamando paso, y los excursionistas se apartaron, menos Valle-Inclán, que, impertérrito, replicó irritado: "A un hidalgo hay que hablarle con mejores maneras, y yo me quedo donde estoy..." Los toros pasaron alrededor de este D. Ramón de la Mancha, sin tocarle ni amedrentarle.

# 8

## BRADOMIN Y SU CORTE DE AMOR

EL 9 de septiembre de 1901 presentan *Los Lunes de El Imparcial*—escaparate literario de máximo lucimiento—la novedad de unos fragmentos de *Sonata de Otoño,* novela en prensa de Valle-Inclán. Había facilitado a D. Ramón el acceso a este periódico el doctor Verdes Montenegro, escritor también, su convecino en la casa número 9 de la calle de Argensola. Recibió Valle-Inclán, en uno de sus momentos de desmayo, tan alentadoras palabras del doctor, que su vocación se tonificó para siempre, y la puerta que hubo de serle franqueada en el primer diario de Madrid—con entusiasta convencimiento de su Director, Ortega Munilla—, le sirvió para que el Marqués de Bradomín, héroe de *Sonata de Otoño,* hiciese su primera salida al mundo, ya que los pasajes publicados en *Los Lunes de El Imparcial* no eran sino el anticipo de un ciclo novelesco, cuyo sentido total quedó perfilado en una breve introducción: "Estas páginas son un fragmento de las *Memorias amables* que, ya muy viejo, empezó a escribir el Marqués de Bradomín. Un Don Juan admirable. ¡El más admirable tal vez! Era feo, católico y sentimental."

Otras muestras de la misma *Sonata de Otoño* aparecieron en *Los Lunes* antes de que la novela naciera en libro, marzo de 1902. Y sucesivamente vieron la luz los otros tomos de la serie que el autor había concebido en función de las estaciones: cuatro, pues, en su conjunto, sólo que se publicaron en orden inverso al natural de las respectivas alegorías: *Sonata de Estío,* en 1903; *Sonata de Primavera,* en 1904, y *Sonata de Invierno,* en 1905. En el centro permanecía el Marqués de Bradomín—hombre y sombra, criatura y maniquí, en galería de espejos—, proyectando sobre el pretexto literario de cada estación su equívoca figura. Feo, pero seductor. Católico, pero irreverente. Sentimental, pero lascivo. Español, pero a su manera. Don Juan, pero mucho más Casanova que Tenorio: no menos *dandy* que burlador.

Si fuese el Marqués de Bradomín un Don Juan como otro cualquiera de los muchos que engendró el "Burlador", creado a su vez por Tirso, este personaje de Valle-Inclán no ofrecería novedad alguna. La novedad le viene a Bradomín del hecho mismo de pertenecer a una sociedad y a un tiempo sobremanera distintos a los del Don Juan tradicional. Es como si Don Juan—el clásico, por romántico que fuese—hubiera seguido viviendo hasta llegar, desde la época teológica e imperial de España, a los días de su decadencia: cuando el español pierde altura y empuje, cuando ya no definen su gusto las piedras herrerianas del siglo XVI, sino el capricho ornamental del barroco, en su última descomposición. El Marqués de Bradomín es un mundano *rococó*, galante a la moda del siglo XVIII, el siglo aquel en que Cortes y salones, desde San Petersburgo a Cádiz, se enlazan en la Internacional del ocio y la sensualidad elegante. Todo Don Juan viene a ser un caballerizo de los tiempos. Marcha con ellos y directamente recibe sus consignas. Bradomín fija la etapa del Don Juan que corresponde a nuestro mundo de ayer y de anteayer. Don Juan, aunque momentáneamente se desvíe o descaste, nunca deja de ser español, y como tiene raza y sangre noble además, es lógico que reaccionase en carlista llegado el momento de serlo. La cronología de nuestras guerras civiles es justamente la de Bradomín, instalado en el corazón del siglo XIX, por lo que absorbió influencias francesas e italianas que no dejaron de informar la propia doctrina de la Tradición, de la que emanó un estilo o modo de ser común a los partidos legitimistas, determinando un tipo de caballero que tanto debía, en su pergeño espiritual, a la fe del cruzado como a la blandura del palatino. De tal suerte responde Bradomín a ese respecto, que todos hemos conocido, en caserones solariegos, a hidalgos cuyo carácter sólo acertamos a calificar si les llamamos "Bradomines" o "Bradominescos". En la Literatura anecdótica de Pretendientes y Reyes destronados —un Chambord, los Carlos de España, los Orleanes, Parmas, Modenas, Dos Sicilias, Braganzas, etc.—encontramos reproducido análogo personaje: éste o aquél caballero, desinteresado hasta el sacrificio heroico, paladín de causas imposibles, luchador en lo íntimo de su conciencia con la fe religiosa y con el pecado en materia de amor. Valle-Inclán españolizó literariamente el tipo, y en su Bradomín estiliza la realidad nacional de un Carlos Calderón o de un Sangarrén.

Por las referencias constantes que llenan las *Sonatas* sabemos que el Marqués de Bradomín era de vieja estirpe galaica y castellana, salvo un entronque por línea materna—de que mucho se ufana—, con los Bibbiena di Rienzo; que contaba entre sus ascendientes al Capitán Gonzalo de Sandoval, "fundador en Méjico del reino de Nueva Galicia"; que se educó en el monasterio de Sobrado y en el madrileño Seminario de Nobles; que vivió emigrado en Londres desde la "traición de Vergara"; que fué guardia noble del Papa; que anduvo por Méjico y por Tierra Santa; que sirvió a su Rey Carlos VII como Capitán de un escuadrón de Lanceros, perdiendo el brazo izquierdo en una acción de guerra; que gustaba de los pintores franceses e italianos y del Aretino; que no entendía—ni lo deseaba—dos cosas siempre arcanas para él: "el amor de los efebos y la música de ese teutón que llaman Wagner...". Alcanza la niñez de Bradomín los recuerdos, todavía próximos, de las campañas napoleónicas, y llenan la última parte de su vida las nostalgias de la segunda guerra civil española. Bradomín era joven en los "felices tiempos del Papa-Rey", y se confiesa viejo en el Cuartel General de D. Carlos, quizá por una afectación de las suyas. Porque, eso sí, afectado lo fué Bradomín en grado sumo; tan afectado, después de todo, como cualquier narrador de cuentos de caza o de amores en sobremesas y casinos. Hay quien hace cosas sólo por el placer de contarlas, y, cuando no las hace, las inventa, por creerse en el plan obligado de contar algo—cuanto más absurdo, mejor—, y acaba fantaseándolo todo. Una pueril vanidad que, en último término, no perjudica a nadie, y que por no aspirar sino al pasatiempo, pronto olvidado, quita a los embustes el hierro de su posible gravedad. Valle-Inclán adolecía de una afectación que realmente no lo era, puesto que la determinaba el propio temperamento. "En las naturalezas enfáticas—dijo Stendhal, fijando otros matices del tema—, lo natural es el énfasis."

Algunas de las confesiones que podemos espigar en las *Sonatas* contribuyen a definir el carácter de su protagonista: "Yo calumniado y mal comprendido, nunca fuí otra cosa que un místico galante, como San Juan de la Cruz. En lo más florido de mis años, hubiera dado gustoso todas las glorias mundanas para poder escribir en mis tarjetas: el "Marqués de Bradomín, confesor de Princesas" *(Sonata de Primavera)*. "Sobre mi alma ha pasado el aliento de Satanás, encendiendo todos los pecados; sobre mi alma ha pasado el suspiro del Arcángel, encendiendo todas las virtudes. He padecido todos los dolores y he gustado todas las alegrías" *(Sonata de Estío)*. "Aquella admiración estética que yo sentía en mi juventud por el hijo de Alejandro VI le daba miedo—a la pobre Concha—, como si fuera culto al diablo." "Nos besamos con el beso romántico de aquellos tiempos. Yo era el cruzado que partía a Jerusalén, y Concha la dama que le lloraba en su castillo al claro de la luna. Confieso que mientras llevé sobre mis hombros la melena merovingia, como Espronceda y como Zorrilla, nunca supe despedirme de otra manera. ¡Hoy los años me han impuesto la tonsura como un diácono y sólo me permiten murmurar un melancólico adiós! Felices tiempos los tiempos juveniles. ¡Quién fuese como aquella fuente que, en el fondo del laberinto, aún ríe con su risa de cristal, sin alma y sin edad!" "Mis recuerdos, glorias del alma perdidas, son como una música lívida y ardiente, triste y cruel, a cuyo extraño son danza el fantasma lloroso de mis amores" *(Sonata de Otoño)*. "Yo hallé siempre más bella la majestad caída que sentada en el Trono, y fuí defensor de la Tradición por estética. El carlismo tiene para mí el encanto solemne de las grandes catedrales, y aun en los tiempos de guerra me hubiera contentado con que lo declarasen monumento nacional." "Yo no aspiro a enseñar, sino a divertir. Toda mi doctrina está en una sola frase: ¡Viva la Bagatela! Para mí, haber aprendido a sonreír es la mayor conquista de la Humanidad." "Hay quien prefiere ser el primer amor; yo he preferido siempre ser el último" *(Sonata de Invierno)*.

Gusta Bradomín, cuando la melancolía no le ablanda el corazón, de manifestarse como un cínico. A veces es sólo un necio, y en ocasiones, un badulaque que se cree hombre superior. Hay en él una jactancia de raíz típicamente literaria, estimulada por la descomposición del tipo romántico, que había privado en la lírica, la novela y el teatro del siglo XIX. No nos referimos tanto a la línea de René o de Anthony como a los personajes con que Stendhal da la réplica al "mal del siglo". Julián Sorel o Fabricio del Dongo hacen de sus pasiones razón suprema de la existencia, sintiendo el amor, no

80

como un anhelo de felicidad compartida—sea posible o no su logro—, sino como una exigencia arrolladora de su voluntad de poder. Este modo de señorear el propio mundo se degrada en las generaciones siguientes. El egoísmo más desenfrenado acaba paradójicamente por anular a los hijos y nietos de los héroes de Stendhal, disolviéndose el carácter en un decadente refinamiento. El luchador, dentro y fuera de sí, se desmoraliza por entero, y ante el espectáculo del mundo experimenta la vanidad del que se cree gozador privilegiado. Es la hora de Des Esseintes, lanzado por Huysmans; de Fadrique Méndes, por Eça de Queiroz; de cualquiera de los personajes fabricados por D'Annunzio: los del primer ciclo principalmente: Andrés Sperelli, Jorge Aurispa, Tulio Hermil.

La Vida—que precisamente D'Annunzio escribe con mayúscula—puede más que los hombres, si los hombres se abandonan a la insana voluptuosidad de su *yo* personal e intransferible. En tanto se achica, desde el punto de vista literario, el tipo aquel del seductor, tan preocupado por la estética como desdeñoso para la ética—según reacciones de lamentable trivialidad—, surge Nietzsche, y al conjuro de su filosofía, que exalta, por modo genuino las potencias vitales, el hombre, situado más allá del bien y del mal, se rehace y crece con un poderoso aliento que le permite adquirir magnitudes insospechables y aun hacer Historia. Gracias a Nietzsche, los personajes de D'Annunzio descubren nuevos y poderosos motivos de fruición: en el peligro, en el gobierno de las masas, en la interpretación y servicio de un destino histórico colectivo. Es en *El triunfo de la muerte,* donde D'Annunzio rinde, por primera vez acaso, culto expreso a Nietzsche: "Nosotros tendemos el oído, ¡oh cenobiarca!, a la voz del magnánimo Zarathustra, y preparamos, con segura fe en el Arte, el advenimiento del superhombre..." Bajo esta sugestión, obran Claudio Cantelmo, el de *Las vírgenes de las rocas,* y Stelio Effrena, el de *El fuego,* quienes a través de inevitables anécdotas de amor, sienten a su manera lo político y lo social: preocupaciones a que se mantuvieron extraños sus hermanos mayores. De éstos, el protagonista de *El inocente* es el más parecido a Stelio Effrena, en el que anticipa D'Annunzio algunos de sus rasgos personales, como poeta y precursor del fascismo. Los estetas acabaron por ceder a las tentaciones de la acción, y la belleza llegó a abanderar todo un partido. Paralelamente, es casi seguro que Des Esseintes, de alcanzar el siglo xx, hubiera dejado los versos de Mallarmé por las *Reflexiones sobre la violencia,* de Jorge Sorel.

Un esteticismo así entendido coadyuva a definir la personalidad del Marqués de Bradomín, nacido del cruce de Don Juan y la Tradición al modo carlista. Por el cauce hirviente de *Las vírgenes de las rocas* y *El fuego*—novelas relacionadas, por los figurines del elenco femenino, con *Sonata de Primavera* y *Sonata de Otoño,* respectivamente—llega al personaje de Valle-Inclán lo que en él podamos advertir de nietzscheano, tal y como era capaz de asimilarlo: con más retórica que filosofía. No otra es la procedencia de la inclinación mostrada por Bradomín "a las pasiones del amor, del orgullo y de la cólera, las pasiones nobles y sagradas que animaron a los dioses antiguos". Por supuesto, el d'annunzianismo sa-

tura la atmósfera que respiran los personajes de las *Sonatas*: D'Annunzio
en el sentido pagano del amor, en la nostalgia de un convencional Renacimiento, en el gusto por lo solemne, decorativo
y anómalo. Gemela es la influencia de Barbey d'Aurevilly, *Barbey d'Aurevilly*
patente en rasgos de la figura de Bradomín y en temas de
caballería y superstición, haciéndose muy notable el contacto
entre el final de *Sonata de Otoño* y el de *La cortina carmesí*.
Nos sugieren el recuerdo de Maeterlink en *La intrusa,* los
efectos de miedo y misterio—las aldabadas, la luz que se apaga—, al morir monseñor Gaetani, en *Sonata de Primavera*.
Directa es la presencia, quizá por motivos comunes de inspiración, de Rubén Darío, en pasajes como éste de *Sonata de* *Rubén Darío*
*Invierno,* con reminiscencias inequívocas de la *Marcha triun-
fal:* "Entre el cálido coro de los clarines, se levantaban en-
crespados los relinchos, y, en el viejo empedrado de las calles, las herraduras resonaban valientes y marciales, con ese
doble son que tienen en el romancero las armas de los paladi-
nes..." Extremando esta revisión de influencias, notamos en
*Sonata de Otoño* señalados reflejos también de *El Cantar de
los Cantares:* "Tu frente brilla como un astro bajo la cren-
cha de ébano..." "El cuello florecía de los hombros como un
lirio enfermo..." Y hasta descubrimos un plagio del caballero Casanova de Seingalt en las páginas de *Sonata de Primavera* referentes a la visita del capuchino y a las ulteriores peripecias del anillo (1). Alguna vez—en el brindis del banquete con que Valle-Inclán fué obsequiado, veinte años después,

---

(1) Véase *Crítica profana,* por Julio Casares.

en Fornos—trató de explicar el caso como pudo, afirmando que se limitó a utilizar un documento "para dar ambiente". Pero, en general, el autor, en esta resbaladiza cuestión de influencias y lecturas, perfirió despistar, según su habitual procedimiento, entre burlas y veras.

"¿A que no sabe usted el ejemplo que tuve presente al escribir las *Sonatas?*—dijo un día Valle-Inclán a un periodista (1), que le interviuvaba, para contestarse a sí propio, pasado el instante concedido a la expectación—. Pues tuve presente las *Doloras,* de Campoamor..." Es preciso forzar mucho el calificativo "campoamorino", y aun así, no alcanza, si lo queremos aplicar a emociones como la implícita en alguno de los contados pasajes que pudieran subrayarse a este propósito: "Yo sentí pasar—se lee en *Sonata de Otoño*—como una brisa abrileña por el jardín de los recuerdos. Aquellas dos niñas—las hijas de Concha—, en otro tiempo, me querían mucho, y yo también las quería. Levanté los ojos para mirar a su madre..." Pero después de todo, esta melancólica emoción no es—salvando otras cualidades—sino la obtenida por Rubén Darío en su *Canción de Otoño en Primavera.*

¡Difícil cuestión ésta de los plagios e influencias, de los parecidos y resonancias!... Los técnicos de la historia y crítica literarias suelen enunciar el tema valiéndose de una palabra poco dada a malicias: *fuentes.* Todos los libros, claro está, tienen sus fuentes; más y mejores, si el libro es de los buenos y grandes. ¿Quién fué el último hombre que inventó en Lite-

---

(1) "Más cosas de don Ramón". Artículo publicado en *La Pluma;* Madrid, enero 1923.

ratura algo sin precedentes?... Un estudio riguroso de fuentes, directas o indirectas, aquilata el conocimiento que podemos tener de un Lope o de un Shakespeare, por ejemplo; acendra nuestro concepto de la originalidad; pese a todo.

Todo lo decide la personalidad, que concede su punto de fusión a los diversos elementos, tomados de aquí y de allá, en virtud de naturales afinidades o espontáneas atracciones. Como el secreto estriba en la capacidad de asimilación, Valle-Inclán, que absorbe y recrea cuando conviene a su designio, sabe reducir siempre a palpitante unidad artística lo leído, tanto como lo vivido y soñado. En su visión de Galicia—realidad inmediata en la existencia de Valle-Inclán—no hay libro que se interponga, y *Sonata de Otoño*—localizada en Brandeso—es consecuencia de una personal imaginación de paisajes y figuras. Llevaba Valle-Inclán dentro de sí una Galicia que no era ciertamente la percibida y expresada de Emilia Pardo Bazán—magistralmente en la línea de su arte—, según el ángulo visual del naturalismo. Con los mismos datos—en parte, al menos—, Valle-Inclán llega a conclusiones del todo diferentes. Es la suya una Galicia—lírica, sensual y supersticiosa Galicia—que se apoya lo puramente indispensable en los verdes, grises, oroviejo, del valle o del pazo—nunca el azul plateado de las rías—para diluir el color local en un ambiente poético que lo transfigura todo. Nada de costumbrismo pintoresco, y menos aún de interés político-social, aunque el autor se solace, llegado el caso, en la descripción del indumento popular o evoque escenas características de campo y mesón, de ferias y de romerías, o no deje de aludir a los foros. Pero prefiere dar a los temas típicamente gallegos un aire legendario, tanteando lo eterno y abandonándose a lo arcaizante. Resulta significativa la preferencia del autor por el calificativo de "antiguo": "jardín antiguo", "espada antigua", "antiguo amor"; hasta una "fragancia delicada y antigua". "La dama—dice en otro lugar—tenía un hermoso nombre antiguo: se llamaba Agueda..." La vieja *riveirana* silbada por los mirlos que cuidaba Florisel, evoca en Bradomín "el recuerdo de las felices danzas célticas, a la sombra de los robles". Y cuando presenta un rústico criado, lo hace en esta forma: "Entró con la frente baja y la monterilla de paño blanco colgada de las dos manos... Tenía las respuestas estoicas de un paria. Con su vestido de estameña, sus ojos tímidos, su fabla visigótica y sus guedejas trasquiladas sobre la frente, con tonsura casi monacal, parecía el hijo de un antiguo siervo de la gleba..." La liturgia y la heráldica suministran determinadas voces y motivan con frecuencia el lenguaje figurado, tan caro a Valle-Inclán. Hay algo más que una simple fruición eufónica en párrafos a este tenor: "Desde hace tres siglos, es privilegio de los Marqueses de Bradomín ser recibidos con palio en las feligresías de San Rosendo de Lantañón, Santa Baya de Cristamilde y San Miguel de Deiro..." La emoción de la distancia en el tiempo es recurso naturalmente poético, del que usa Valle-Inclán por modo típico. Más poético aún es el recurso, si su juego se realiza en función de imprecisas lejanías: aquel tiempo, aquel lugar, aquella mujer...

Antes cede Valle-Inclán a localizar sus temas de las *So-*

*natas* en el espacio que en el tiempo; por lo que sus fábulas carecen, en realidad, de fecha, si bien no puede prescindir en ocasiones, de una elemental cronología, impuesta, como en *Sonata de Invierno,* por la exigencia histórica del asunto, que se sitúa en la segunda guerra carlista. Pero persiste, en torno a los episodios todos, la neblina poética de esos cuentos que empiezan por decir: "Sucedió cierta vez...", privando a lo narrado de su posible realidad actual. En un medio de semejante e irisada vaguedad, hacen la ronda a Bradomín las mujeres que, respectivamente, aparecen en las *Sonatas.* No cabe desconocer que cada época tiene su modo de amar. Valle-Inclán no evita en las novelas de este ciclo que el galán y la dama se encuentren a la manera o al estilo, que privaba en la literatura, y quizá también en las costumbres, del fin de siglo: una especie de erotismo degradado y libresco, que reconocía sus autoridades—vivas o resucitadas—en Baudelaire, Sade, Lorrain, Masoch, Wilde... (y D'Annunzio, inevitablemente). Pero Valle-Inclán procura, por todos los medios, evadirse de cuanto pudiera parecer un figurín circunstancial, y busca en el Renacimiento—según él lo entreví—el abolengo de los deseos, ya que no verdaderas pasiones, en que sus criaturas se consumen. Cualquier extravío del amor o sorprendente injerencia de algún factor ajeno al amor mismo, son preferidos por Valle-Inclán, antes que consentir en que las cosas se produzcan con saludable normalidad. En *Sonata de Otoño,* la víctima, "la pobre Concha", "blanca y pálida como la luna", tísica y malmaridada, es "un fantasma", y a poco, un cadáver. En *Sonata de Estío,* la Niña Chole—conocida

87

del lector desde su primera versión en *Femeninas*—no es precisamente un espectro, pero tampoco una mujer: su "vitalidad animal" la define; se complica en su vida "el magnífico pecado de las tragedias antiguas" y la vemos atravesar, bajo soles de agosto, la selva de Méjico, "con andar rítmico y ondulante que recuerda al tigre". En *Sonata de Invierno*, María Antonieta Volfani, "alma de santa y sangre de cortesana", dama de D.ª Margarita en la Corte de Estella—de altiva y marchita belleza, con sombrío fuego en la mirada—, centra una vulgar historieta de adulterio y sacrificio, aparte de la peligrosa anécdota de Maximina, la educanda de "ojos aterciopelados, compasivos y tristes", que completa la melancólica lección del último desencanto; "los años pasados —confiesa Bradomín—me parecieron llenos de sombra, como cisternas de agua muerta". En *Sonata de Primavera*, María Rosario, de floridos veinte años—a punto de tomar el hábito del Carmen—, cruza con una paloma en el hombro, los jardines de gracia gentílica que rodean su palacio, en "la vieja, la noble, la piadosa ciudad de Ligura", huyendo del amor y chocando con hado adverso.

Estas mujeres de las *Sonatas,* en relación directa con las estaciones del año, de la vida y del amor, se muestran lejanas, no ya cuando Bradomín las contempla desde su recuerdo, sino también cuando están en su presencia misma, como tras un velo tenue que permite a Bradomín reconstituir o adivinar lo que esas mujeres fuesen antes, lo que pudieran ser en época distinta, libres de la forma inmediata. Bradomín, en todo caso, se inclina a ver personas y cosas a distancia. Es una lealtad "de otros siglos" la que siente Bradomín ante D.ª Margarita, "Princesa pálida, santa, lejana". Lo inactual le atrae por que facilita la huída de la realidad presente. También la oscuridad le deja romper el cerco del mundo circundante. He aquí un pasaje de *Sonata de Primavera,* en el que alegóricamente representaríamos a todas las mujeres entre las que se agita Bradomín, juguete de fantasmagorías: "Daba las doce el viejo reloj de la catedral, y cada campanada, en el silencio del jardín, retumbó con majestad sonora. Volví al salón, donde ya estaban apagadas las luces. En los cristales de una ventana temblaba el reflejo de la luna, y allá, en el fondo, brillaba la esfera de un reloj, que, con delicado y argentino son, daba también las doce. Me detuve en la puerta para acostumbrarme a la oscuridad, y poco a poco mis ojos columbraron la forma incierta de las cosas. Una mujer hallábase sentada en el sofá del estrado. Yo sólo distinguía sus manos blancas. El cuerpo era una sombra negra. Quise acercarme, y vi cómo sin ruido se alejaba y desaparecía. Hubiérala creído un fantasma, engaño de mis ojos, si al dejar de verla no llegase hasta mí un sollozo. Al pie del sofá estaba caído un pañuelo, perfumado de rosas y húmedo de llanto. Lo besé con afán. No dudaba que aquel fantasma había sido María Rosario..." Todas las mujeres de las *Sonatas* acaban por resolverse en un sollozo, en una fragancia fugitiva, en una sonrisa vaga, en un patético rasgo incompleto, en una sombra. Es así cómo la última versión de los amores de Bradomín conduce a un resultado de nostalgia y fatalidad: de arrepentimiento también. El erotismo, con todas sus depravaciones y licencias, viene a ser un camino que, dando muchas vueltas, conduce a su propio menosprecio. Decididamente, Bradomín pudo llamarse Don Juan. Después de tantos vistosos atavíos mundanos, el héroe de Valle-Inclán apetece para su alma "el cilicio del remordimiento".

La autenticidad inicial del arte de las *Sonatas* estriba en el amor o en el conocimiento que Valle-Inclán pone en determinados temas: el de Galicia o el del carlismo—uno y otro muy sentidos por él—o el de Méjico, incorporado para siempre a su predilección. Reaparece Méjico, efectivamente, en la *Sonata de Estío,* transportado por la misma Niña Chole, que en uno de los cuentos de *Femeninas* nos hizo ya sentir la seducción del fuerte pueblo azteca. Un buen crítico de Valle-Inclán, César Barja, observa (1) que en esta segunda versión, "la minúscula niña Chole" de antes pasa a ser "la mayúscula Niña Chole" de ahora, "como si hubiera crecido en dignidad, ya que no en edad ni en gobierno". Crece, desde luego, en pecado, hasta lo monstruoso, y a tono con el nuevo asunto parece que la naturaleza se complica también, poniendo todas sus fuerzas a máxima tensión. El incitante paisaje tropical, con su brava fauna y raros usos, viaja con Bradomín en su corazón y en su memoria, haciéndolo llegar hasta la fría y lluviosa Estella. Porque en *Sonata de Invierno* el Príncipe Don Jaime y la Infanta Doña Beatriz preguntan: "Marqués, ¿es verdad que en Méjico los caballos resisten todo

_____

(1) Véase *Libros y autores contemporáneos,* pág. 365. Es muy interesante el estudio de Gonzalo Torrente Ballester, "Las dos versiones de la Niña Chole", folletón de *Arriba;* Madrid, 2 de febrero de 1942.

el día al galope?... ¿Es verdad que hay unas serpientes que se llaman de cristal?..." Asimismo, como la sombra al cuerpo, acompañará siempre a Bradomín su honda memoria de Navarra, desde el Pirineo a la Rivera, y a esta desigual naturaleza, que armoniza muy varios matices de energía, grave elegancia y franco ánimo, prestará su fondo a otros libros de Valle-Inclán.

Por el mérito del estilo se nivelan las cuatro *Sonatas:* desde la más resabiada, que tal vez sea la de *Primavera,* hasla que con mayor pureza realiza la esencia del arte de Valle-Inclán: quizá la de *Otoño.* Un estilo el de todas ellas que no abandona su virtud al mero juego de las palabras. Es, por el contrario, un estilo que reverbera, por supuesto, en la superficie de la expresión; pero que tiene su fondo, su raíz, sus motivos, en un concepto poético del mundo y de la vida, y de la función que al interpretar uno y otra cumple el arte. Nada se ofrece a Valle-Inclán para ser copiado con un criterio de literal fidelidad, sino para ser traspuesto a planos de invención. Claro es que las palabras proporcionan—¿cómo no?...— el vehículo; pero afirman por sí mismas su propia condición de objeto precioso. Se enlazan unas con otras para común realce, buscando el contacto con el punto menos gastado o previsto, a fin de que el enlace no determine nunca un lugar común. Tiempo adelante habría Valle-Inclán de razonar su afán de que dos palabras se ayunten por primera vez, en la *Breve noticia acerca de mi Estética,* que encabeza la segunda edición de *Corte de amor,* y en *La lámpara maravillosa,* donde habla del "milagro musical", de la "gracia musical", de las palabras. Pero desde un principio creyó en ellas y empezó a realizar su fórmula en *Femeninas,* perfeccionando su aplicación en las *Sonatas,* de tal suerte que su prosa se desarrolla con una cadencia y con una sonoridad genuinamente musicales. El mismo título de *Sonatas* evidencia el designio, si bien no deje de ser servida una intención pictórica, revelada en no pocos rasgos descriptivos, del paisaje, que suele ser concebido escenográficamente, o de alguno de esos objetos —una moldura, un arma, un reloj—que tanto se complace el autor en dibujar y colorear.

"El jardín y el palacio—leemos en *Sonata de Otoño,* con referencia a Brandeso—tenían esa vejez señorial y melancólica de los lugares por donde en otro tiempo pasó la vida amable de la galantería y del amor. Bajo la fronda de aquel laberinto, sobre las terrazas y en los salones, habían florecido las risas y los madrigales, cuando las manos blancas que en los viejos retratos sostienen apenas los pañolitos de encaje, iban deshojando las margaritas que guardan el cándido secreto de los corazones. ¡Hermosos y lejanos recuerdos! Yo también los evoqué un día lejano, cuando la mañana otoñal y dorada envolvía el jardín húmedo y reverdecido por la constante lluvia de la noche. Bajo el cielo limpio, de un azul heráldico, los cipreses venerables parecían tener el ensueño de la vida monástica. La caricia de la luz temblaba sobre las flores como un pájaro de oro, y la brisa trazaba en el terciopelo de la hierba huellas ideales y quiméricas, como si danzasen invisibles hadas... Las carreras estaban cubiertas de hojas secas y amarillentas, que el viento arrastraba delante de nosotros con un largo susurro; los caracoles, inmóviles como viejos paralíticos, tomaban el sol sobre los bancos de piedra; las flores empezaban a marchitarse en las versallescas canastillas recamadas de mirto y exhalaban ese aroma indeciso que tiene la melancolía de los recuerdos. En el fondo del laberinto murmuraba la fuente, rodeada de cipreses, y el arrullo del agua parecía difundir por el jardín un sueño pacífico de vejez, de recogimiento y de abandono..."

El sentido claramente decorativo de la página transcrita denuncia un propósito pictórico. Pero bien se ve que se trata de una pintura harto ambiciosa, puesto que pretende enriquecerse con matices de toda sensación: no sólo la del color, acusado en el cielo o en el jardín, sino también, y aún principalmente, las sensaciones que nos penetran por el tacto, por el olfato, por el oído. Sobre todo por el oído, que reduce fragancias, suavidades, luces, a la unidad de una melodía. Lo musical estrictamente podía hallarse representado por el murmullo de la fuente, por el susurro de la brisa; pero en puridad invade todos los elementos del escenario de Brandeso para incorporarlos al ritmo de una prosa que suena con el sorprendente, insólito, acento de una deliciosa orquesta verbal. Lírico es el estado de alma del autor, y más que dejarse ver, se hacen oír las cosas del mundo de las *Sonatas:* con su música peculiar, con sus ruidos, con sus silencios.

No hay en la prosa de Valle-Inclán tanto conocimiento del idioma como intuición y gusto. El autor, al oído, contrasta el valor de las palabras, siendo exigente con su sentido poético o virtud de representación, por lo que el corto léxico de

Valle-Inclán no sorprende por su abundancia, pero encanta por su calidad. Hábilmente sitúa el autor de las *Sonatas* sus voces en las respectivas frases, que suelen ser breves, fáciles de esquematizar en líneas de limpio trazado: acaso se curven en gracioso arabesco o se dupliquen en expresivo paralelismo; pero jamás se enredan con esos oscuros incisos y pesadas hilaciones que tanto complicaban las grandes y recargadas cláusulas al uso de románticos y naturalistas. Por otra parte, adviértase que Valle-Inclán había aprendido la lengua española en su natal Galicia, tierra de dialecto, y este antecedente ayuda un tanto a explicar los matices de expresión—en determinados vocablos y giros, en la propensión al canto—que se observan, a poco que el lector se fije, en la firme, dulce, muelle prosa de las *Sonatas,* con visos alguna vez de típica *saudade.*

Es así, con las *Sonatas,* como entra la lengua española en el siglo XX, a paso de renovada y grácil gallardía. Lo marcan también otros escritores de distinta, pero no contraria intención. ¿Quiénes?... Valgan, por respuesta, estas líneas de Julio Burell en un artículo de *El Imparcial* (1): "Hoy vemos que en un grupo ya bien determinado y bien conocido de jóvenes escritores pueden señalarse, a pesar—y no en virtud —de caprichoso y pasajeros dictados—me refiero al de los modernistas—, condición y realidades literarias muy consoladoras para este momento de desmayo y decadencia; mientras Manuel Bueno y Maeztu llevan a la crónica periodísti-

(1) "Escritores jóvenes." Artículo publicado en *El Imparcial,* suplemento de "Los Lunes"; 17 de marzo de 1902.

ca ideas y sangre o, mejor dicho, sangre de ideas, Valle-Inclán labra, alienta y refina en *Sonata de Otoño*, como el antiguo artífice repujara trípticos y custodias y cálices maravillosos. Mientras Martínez Ruiz hace con las palabras viejas y con los pensamientos nuevos algo de lo que el Greco hacía con los colores: una fiesta de luz, una fantástica fiesta; y Pío Baroja copia de Rembrandt el arte de combinar una sombra con otra sombra, oímos la canción libertaria de Marquina, acompañada de la antigua lira herreriana, y Cristóbal de Castro ofrécenos gentilísimo ejemplo de novela andaluza con su último libro "Las niñas del Registrador". Julio Burell era algo mayor en edad que los del 98, y ya estaba mejor colocado que cualquiera de ellos en la Prensa y en la política, complaciéndose en tender, a quienes venían tras él, su mano de buen amigo y curioso lector de todo. Pero en pos de los del 98 marchan otros que también aspiran a crear, como sus maestros inmediatos, en materia literaria, por cuenta propia. Un joven de veinte años, José Ortega y Gasset, escribe al tenor siguiente en *La Lectura* a propósito de la *Sonata de Estío:* "Como todo carácter excesivamente marcado y exclusivo, como todo intenso cultivador de un pequeño jardín, Valle-Inclán tiene muchos imitadores. Algunos han confundido o asemejado su arte con el de Rubén Darío, y entre ambos y los simbolistas franceses han ayudado a escribir a un número considerable de poetas y pensadores, que hablan casi lo mismo unos que otros y en una lengua retorcida, pobre e inaguantable. Y ese trabajo de ardiente pelear con las palabras castellanas para realzar las gastadas y pulir las toscas y animar las expresivas, ha resultado, en lugar de utilísimo, perjudicial... ¡Cuánto me regocijaré el día en que abra un libro nuevo del Sr. Valle-Inclán sin tropezar con Princesas rubias que hilan en ruecas de cristal, ni ladrones gloriosos, ni inútiles incestos! Cuando haya concluído la lectura de ese libro probable, y dando placentero sobre él unas palmaditas, exclamaré: "He aquí que D. Ramón del Valle-Inclán se deja de bernardinas y nos cuenta cosas *humanas, harto humanas,* en su estilo noble de escritor bien nacido" (1).

Valle-Inclán había planteado, sin saberlo, el problema de la deshumanización del arte.

---

(1) Nota bibliográfica publicada en *La Lectura;* Madrid, 1904; págs. 227 y siguientes.

# 9

## 1902 - 1905

Entre 1902 y 1905, paralelamente a la publicación de las *Sonatas,* Valle-Inclán trabaja en la composición de otros libros y obras menores. Por lo pronto, acude a un nuevo concurso de *El Liberal*—noviembre de 1902—con el cuento *¡Malpocado!,* rápido apunte de la Galicia que arrastra por sus caminos, dolor y miseria. Constituyen el Jurado Echegaray, Sellés y José Nogales—autor de *Las tres cosas del tío Juan,* cuento premiado en el concurso anterior—, y no encuentran un original—según el acta otorgada al efecto—"que en los dos esenciales elementos de forma y asunto, inseparablemente, encarne el mérito suficiente exigido por la índole de este certamen". Queda, en su consecuencia, desierto el primer premio. Pero el segundo—250 pesetas—se concede a *¡Malpocado!,* atendiendo "a la sencillez artística y pureza de estilo que lo avaloran".

Valle-Inclán ve algún que otro dinero procedente de las

Letras. Los nuevos fragmentos de sus trabajos en marcha, que envía a *El Imparcial,* le valen 50 pesetas por cada inserción. Colabora también en *El Globo,* diario liberal, que para adquirir cariz literario había llamado a sus columnas a Unamuno, Martínez Ruiz, Manuel Bueno, Pío Baroja, Alejandro Sawa... El primer artículo de Valle-Inclán en *El Globo,* titulado *Concurso de críticas,* se publicó el 2 de abril de 1903, y el segundo, *Una lección,* cuatro días más tarde, siendo una réplica al comentario hostil que el anterior suscitase a Navarro Ledesma en *Gedeón.* "Ese desdichado, a quien llaman Navarro Ledesma—comienza por decir Valle-Inclán—, enojado, sin duda, pretende molestarme en *Gedeón* diciendo algunas tonterías acerca de mi último libro *Corte de amor...* Pero ese infeliz, ¿pensará que yo escribo para que él me entienda?" Hay que traer a cuento el antecedente de que Navarro Ledesma había publicado, también en *El Globo* —3 de abril de 1897—, una crítica desfavorable de *Epitalamio,* en la que se expresan juicios como éstos: "Un escritor exótico, y no sabemos si decir afectado, es el Sr. Valle-Inclán. El cuento o, mejor, *nouvelle*—que es el nombre que mejor le cae—, *Epitalamio,* está pensado a la francesa y escrito como el autor lo ha pensado. En *Epitalamio* parece haber exceso de elegancia intelectual o de refinamiento decadentista, un poco o un mucho rebuscado, y sutil por demás..."

En 1903—el año de *Sonata de Estío*—se publicó, efectivamente, *Corte de amor;* también *Jardín umbrío:* este libro, en junio, aquél en marzo. *Corte de amor* trasluce en el subtítulo, *Florilegio de nobles y honestas damas,* la sugestión del *Libro de virtuosas y claras mujeres,* de D. Alvaro de Luna, cuya prosa, por su aire cortesano y acento de época, le fué siempre especialmente grata a Valle-Inclán. Cuatro son las narraciones que forman *Corte de amor.* A saber: *Rosita,* que había sido rechazada por el director de *La Lectura,* Francisco Acebal; *Eulalia,* inserta en *Los Lunes de El Imparcial* y aprovechada, como ingrediente básico, en *Sonata de Otoño; Augusta,* repetición de *Epitalamio,* que no había aceptado para *La España Moderna,* su director, D. José Lázaro, y *Beatriz,* que no es otra cosa sino el cuento *Satanás,* desechado en el concurso abierto por *El Liberal* en 1900: "aquel *Liberal* de antaño—palabras de Valle-Inclán—, tan apestoso a los cosméticos y afeites de peluquería barata con que se acicalaba un necio presumido y pedante que tuvo cierta notoriedad literaria con el nombre de "Fernanflor". (¿Será necesario decir que este seudónimo correspondía a D. Isidoro Fernández Flórez, cronista de los llamados "galanos" en su tiempo?...) Otra serie de cuentos, un poco más extensa, puesto que alcanza a cinco —entre ellos *¡Malpocado!*—, da contenido a *Jardín umbrío,* que apareció lanzado por la Biblioteca Mignon, y que en ediciones posteriores incorporó 13 cuentos más, bajo el doble título de *Jardín novelesco:* "Historias de Santos, de almas en pena, de duendes y ladrones": variaciones sobre temas que se iban haciendo constantes en el arte de Valle-Inclán (1).

---

(1) Sobre el cuento *Un cabecilla,* véase el artículo "Prosper Mérimée y Valle-Inclán", por A. G. Solalinde, publicado en *Revista de Filología Española;* Madrid, 1919; págs. 389 y sigs.

Cerró Valle-Inclán el año 1903 publicando en la revista *Alma Española*—en su número de 27 de diciembre—una autobiografía que muchos calificaron, con galicismo muy a la moda, de "épatante". Este efecto era precisamente el que buscaba Valle-Inclán al adjudicarse, identificándolos con su propia vida, los lances atribuídos al personaje que centra la *Sonata de Estío,* reproduciendo las páginas más penetradas por el gusto del Renacimiento—literariamente contrahecho—, a cuyo auge contribuyó Valle-Inclán de modo decisivo, juntamente con Rubén Darío, quien en esos días, por cierto, prologó un libro de versos de Rufino Blanco Fombona, *Pequeña ópera lírica,* donde fantasea de esta forma—bajo muy visible airón modernista—su conocimiento con el autor: "Le vi la vez primera en casa del Cardenal de Ferrara, en Roma, y allí nos presentó, en términos amables y corteses, Messer Gabriel Cesano." Jacinto Benavente en *La noche del sábado,* por lo menos, no es ajeno a estilo o manera semejante, y Manuel Machado canta a Oliveretto de Fermo, "asesino elegante y discreto", que dejó "un cuadro, un puñal y un soneto". El aventurero del Renacimiento no está sólo en los lugares comunes de estas fechas y siguientes. Le acompaña el hidalgo castellano de los siglos XVI y XVII. Ha nacido quizá con Martínez Ruiz, que en 1900 publica *Los hidalgos,* componiendo en torno suyo animadas escenas de la vida tradicional. Crece el tipo y se desarrolla por su cuenta en *La gloria de D. Ramiro,* de Enrique Larreta, y también da la vuelta al mundo hispanoamericano, en versos de Rubén Darío, difundidos por los *Cantos de vida y esperanza.*

> Don Gil, Don Juan, Don Lope, Don Carlos, Don Rodrigo,
> ¿cúya es esta cabeza soberbia? ¿Esa faz fuerte?
> ¿Esos ojos de jaspe? ¿Esa barba de trigo?
> Este fué un caballero que persiguió a la muerte.
> Cien veces hizo cosas tan sonoras y grandes,
> que de árboles poblaron el campo de su escudo;
> y ante su rudo tercio de América o de Flandes,
> quedó el asombro ciego, quedó el espanto mudo...

Antonio de Zayas ofrece sus primicias al caballero y al conquistador: al hidalgo de Castilla. En *Casta de hidalgos,* Ricardo León, y en *En Flandes se ha puesto el sol,* Eduardo Marquina, reelaboran y popularizan el tipo. En molde análogo vierten su inspiración, aplicada al tema, Francisco Villaespesa, Enrique López Alarcón, poetas varios de la hora modernista y post-modernista, mientras los fabricantes de muebles y decoradores de interiores lanzan un estilo que llaman "español", con profusión de arcones, bargueños, sillones fraileros, herrajes y azulejos más o menos de guardarropía...

Para llevar a cabo Valle-Inclán la labor que le ocupa y preocupa, ha comprendido la necesidad de substraerse a las tertulias de Madrid, en que tantas horas venía quemando su ingenio, y hace escapadas de vez en cuando a Aranjuez, por la predilección que le merecen los jardines y alamedas del Real Sitio, muy en armonía con el carácter de las *Sonatas,* que ultima, a temporadas discontinuas, en su cuarto del Hotel Pastor. Es también entonces cuando vuelve sobre *Adega* —el cuento aquel de la *Revista Nueva*— y lo rehace —1904— bajo el título *Flor de santidad:* "Historia milenaria" en la que se funden la ingenua poesía de las leyendas piadosas y el crudo realismo de las tradiciones populares; elementos representados por una zagala cándida y un peregrino misterioso. La prosa de Valle-Inclán expresa en *Flor de santidad* su valor poemático al servicio de una intención nueva. Narraciones anteriores se habían centrado en anécdotas de tipo individual. Ahora prefiere el autor ascender a la expresión de estados generales de ánimo, según un amplio movimiento de pasiones primitivas, operando en abigarrada masa popular. Pastores, romeros, mendigos, posesos, aldeanos, alientan con una vida que no es preciso poetizar mediante el concurso de lo artificioso, porque su realidad trasciende de lo cotidiano y frisa en lo trágico, creando por impulso propio un mundo de alucinante poesía. Cala hondo el estilista y logra, sin renunciar a efectos puramente formales—antes bien, procurándolos con energía y delicadeza a la par—, el épico patetismo de las páginas finales, en que la misa nocturna de las endemoniadas, en la ermita de Santa Baya de Cristamilde, y el conjuro de las siete olas, batiendo los pobres cuerpos desnudos de aquellas infelices, constituyen un magistral acierto descriptivo, que, por analogía, nos lleva a pensar en las calidades de un brioso aguafuerte, así como las *Sonatas* podían recordarnos la técnica de los dibujos coloreados. El lenguaje—"ni arcaico ni moderno", como había de observar Antonio Machado, con referencia al "sabio romance campesino" de *Flor de santidad*—es el maravilloso buril con que Valle-Inclán obtiene los efectos de claroscuro y movimiento de masas que son propios de esta "Historia milenaria": historia unanimista, se podría decir más tarde desde otro ángulo visual.

Años de excepcional actividad literaria, por lo fecunda y
diversa, los de 1902 a 1905. Los jóvenes del 98 publican en
ese lapso de tiempo libros valiosos: los escritores que vienen después definen ya su arte propio. De Unamuno aparecen dos libros: *Amor y pedagogía* y *Vida de Don Quijote y
Sancho.* De "Azorín", *La voluntad, Confesiones de un pequeño filósofo, Los pueblos, La ruta de Don Quijote.* De Pío
Baroja, *Camino de perfección, El mayorazgo de Labraz,* la
trilogía *La lucha por la vida, La feria de los discretos; Paradox, rey; Los últimos románticos.* De Antonio Machado, *Soledades.* De Manuel Machado, *Alma.* De Rubén Darío, *Cantos de vida y esperanza.* De Juan Ramón Jiménez, *Rimas,
Arias tristes, Jardines lejanos.* Benavente estrena *La noche
del sábado, El dragón de fuego, Rosas de otoño.* Un muchacho llegado de Asturias, Ramón Pérez de Ayala, que ya alterna en las tertulias literarias y funda con Juan Ramón Jiménez y Gregorio Martínez Sierra la revista *Helios,* lanza
su primer libro, *La paz del sendero,* con el seudónimo de
"Plotino Cuevas", *Tinieblas en las cumbres.* Ajeno, por el
contrario, a los polos madrileños de atracción, otro novel, Gabriel Miró, en Alicante, publica *Del vivir.* Recién salido de la
Universidad, incipiente en magisterio insólito, José Ortega
y Gasset inicia sus exploraciones filosóficas o glosa sus lecturas en artículos de revista. Un chico de catorce o quince
años, Ramón Gómez de la Serna, da un librito de adecuado
título: *Entrando en fuego.* Todo hace ver que la literatura de
entonces es nueva de veras: son distintos los motivos de
inspiración, las influencias que se acusan, el estilo de cada

autor. Perfectamente individualizados, los autores jóvenes coinciden en el anhelo de una fórmula que les emancipe de toda tutela inmediata. No abominan de la tradición; lo que hacen es buscarla en fuentes más remotas. De ahí la preferencia que muestran por lo lejano en el tiempo y en el espacio: por los poetas y artistas primitivos en que España balbucea; por las gentes que, inmutables, viven apegadas a la entraña de Castilla maternal. Al mismo tiempo, prevalece un poderoso amor al detalle, que, como lo distante, requiere asimismo una aguda y atenta percepción. El procedimiento para sorprender y anotar la voz de las pequeñas cosas—más amables si son vernáculas—excluye automáticamente las grandes síntesis, a que tan dado fué el romanticismo, ya en franca decadencia. Se impone el análisis, la descomposición de los objetos en sus últimos pormenores, el examen minucioso. La técnica de los escritores naturalistas había preparado no poco el ambiente a este modo de contemplar la realidad. Pero no se trataba ahora de ofrecer al lector documentos o "trozos de vida" con su sangre y con su polvo. El simbolismo, por otra parte, estimuló el prurito de mirar las cosas al trasluz para alumbrar en ellas su virtud de representación y su poética razón de ser. Como quiera que sea, los escritores jóvenes de la época pretendían, ante las palabras y ante los objetos, una valoración distinta a la vigente, a la literatura académica: valoración filosófica en Unamuno y, a su manera, en Baroja; valoración estética en "Azorín" o en Valle-Inclán. Una nueva modalidad aparecía con ellos, influídos por el escarmiento nacional del 98. No inventaron el Desastre; lo encontraron consumado, y la depresión general les hace reaccionar contra el engaño que en política, como en otras manifestaciones de la vida pública, había experimentado el país. Los escritores en tal sazón surgidos buscan a España en lo raro, en lo que paradójicamente es cotidiano e insólito, y recrean conceptos que les orientan por el camino de la crítica hacia un patriotismo de árduas revisiones... Años después escribiría Baroja en *Juventud, Egolatría,* estas significativas palabras, que perfilan bien una de las aristas del 98: "Yo parezco poco patriota; sin embargo, lo soy. Tengo... la preocupación de desear el mayor bien para mi país; pero no el patriotismo de mentir. Yo quisiera que España fuera el mejor rincón del mundo, y el país vasco, el mejor rincón de España... El clima de la Turena y de la Toscana, los lagos de Suiza, el Rhin con sus castillos, todo lo mejor de Europa lo llevaría por mi voluntad entre los Pirineos y el Estrecho. Al mismo tiempo, desnacionalizaría a Shakespeare y a Dickens, a Tolstoi y a Dostoievsky para hacerlos españoles; desearía que rigieran en nuestra tierra las mejores y las mejores costumbres. Mas al lado del patriotismo de desear, está la realidad. ¿Qué se puede hacer con ocultarla? Yo creo que nada... La verdad nacional, calentada por el deseo del bien y por la simpatía, creo yo que debe ser el patriotismo..." Estas palabras postulan una España avalorada, más que por lo suyo —y ya es bastante—, por lo ajeno, que pudiera y quisiera incorporar.

La animosidad contra la literatura oficial o académica hace que los del 98 y los modernistas se pronuncien, en marzo de 1905, en contra del homenaje nacional a Echegaray, laureado con el Premio Nóbel. Valle-Inclán toma la iniciativa de un manifiesto en que los escritores jóvenes acrediten su oposición a cuanto significa "el viejo idiota": antonomasia que logra cierta fortuna. Opiniones más mesuradas moderan el tono del documento, que dice lo siguiente en su redacción definitiva: "Parte de la Prensa inicia la idea de un homenaje a D. José Echegaray, y se abroga la representación de toda la intelectualidad española. Nosotros, con derecho a ser comprendidos en ella—sin discutir ahora la personalidad literaria de D. José Echegaray—, hacemos constar que nuestros ideales artísticos son otros y nuestras admiraciones muy distintas." El ataque, como se ve, quedó reducido a términos mínimos, y el estampido de cada firma no resultó demasiado escandaloso. Después de todo, en punto a Echegaray, no cabía tanta discrepancia entre los jóvenes y los viejos de cierta significación literaria como en otros particulares. El crédito de que todavía gozaba el teatro de Echegaray, dotado, sin duda, de considerable sustancia dramática, era de inequívoca raíz popular. La crítica no le fué del todo favorable, empezando por Menéndez y Pelayo, siguiendo por Ixart y por Cañete. De todas maneras, es curioso transcribir las firmas que autorizaron el documento de protesta contra el homenaje a Echegaray, porque con la suerte varia que el propio destino deparó a cada cual, constituyen la nómina de los intelectuales en los años primeros del siglo xx. Las firmas son las siguientes: "Azorín", Miguel de Unamuno, Rubén Darío, Ramiro de Maeztu, Antonio Palomero, Luis París, Manuel Bueno, Ricardo J. Catarinéu, "Angel Guerra", José Nogales, Luis Bello, Manuel Machado, Antonio de Zayas, Emilio H. del Villar, Nilo Fabra, J. López del Castillo, Félix Méndez, Enrique Rivas, Miguel Adellac, A. Flores de Lemus, Rafael Urbano, Alberto A. Insúa, Antonio Machado, Manuel Ciges Aparicio, Luis de Tapia, Jacinto Grau, Francisco Camba, Ireneo Coca, Manuel Carretero, Joaquín López-Barbadillo, Francisco Villaespesa, Miguel A. Ródenas, Enrique Díez-Canedo, R. Sánchez Díaz, Pedro de Répide, José Prieto, Isaac Muñoz Llorente, José María Salaverría, Juan Tarradell, Antonio Zozaya, Enrique de Mesa, Bernardo G. de Candamo, Melchor de Almamagro San Martín, Pedro González Blanco, Constantino Román Salamero, Francisco Grandmontagne, Antonio R. Viérgol, Pedro Mata, Ramón del Valle-Inclán, Enrique Gómez Castillo. ¡Impresionante confusión de nombres, espejo en que se mira nuestra dramática vida literaria!...

Mientras tanto habían ocurrido sucesos que eran comentados en las tertulias regidas por la palabra viva de Valle-Inclán. Por ejemplo, jura de Alfonso XIII y manifiesto del Duque de Madrid, Carlos VII, para quienes creían en sus derechos al Trono. "Hay que estar con D. Carlos; es, cuando menos, el fiscal...", dice Valle-Inclán, que ya le ha cantado en *Sonata de Invierno* como "el único Príncipe soberano que podría arrastrar dignamente el manto de armiño y empuñar el cetro de oro y ceñir la Corona, recamada de pedrería, con que se representa a los Reyes en los viejos Códices..."

Otro ejemplo: guerra entre rusos y japoneses. "Ganarán los rusos, porque todos los japoneses son miopes", augura Valle-Inclán, influído en su *boutade* por la simpatía que le inspira el país de Tolstoi y de Gorki. Pero a la *boutade* le basta con ser ingeniosa. Que, además, acierte a penetrar en la razón de lo porvenir, sería pedir demasiado.

## 10

## JOSEFINA BLANCO

Han quedado ya atrás los años en que todos, escritores de vario destino, se reunían en las mismas mesas de los cafés de Madrid. Cada cual ha seguido su camino o permanece, como Alejandro Sawa, en el arroyo. Jacinto Benavente ha asentado su "peña" en la Cervecería Inglesa. Valle-Inclán preside la constituída en la Horchatería de Candela, y luego, desde 1902, en el Nuevo Café de Levante; pero no deja de frecuentar otras tertulias: no sería madrileño de este tiempo si no fuese a Fornos, y cuando Rubén Darío regresa a Madrid, después de una temporada en el París de la Exposición Universal, de una visita a Italia y de un viaje a América de ida y vuelta, se reúnen los dos, con los Machado, en un *tupi* de la calle de las Hileras. Manuel Machado vuelve de París, una vez rendido su tributo a la bohemia. Antonio es catedrático de Instituto. Maeztu ha marchado a Londres con la representación de *La Correspondencia de España*. "Azorín" se retrae de los cafés y apenas si frecuenta con asiduidad a otro amigo que no sea Pío Baroja. Los Baroja reúnen a los más íntimos en su casa de la plaza de las Descalzas. Juan Ramón Jiménez rehace su salud en un sanatorio. Alguna vez le visita Valle-Inclán, "que no usa ya sombrero de copa ni levita—nueva imagen que retiene en su memoria el poeta enfermo—, sino hongo—una castorita se decía—de ala abierta y plana, americana y macferlán, todo cubriendo, colgado, un sarmiento casi crujidor. Valle, echado contra el respaldo de su butaca, recita, sonriendo, versos de Espronceda: "Hay una voz secreta, un dulce canto—que el alma sólo recogida entiende..." Se incorpora, se excita: "Esto es poesía..." (1).

Valle-Inclán tiene otro punto de reunión en el saloncillo del teatro Español. Le ha presentado Manuel Bueno—a principios de 1903—a María Guerrero y a Fernando Díaz de Mendoza. De nuevo le rodea un escenario con abrazo tentador, y, en colaboración con Bueno, refunde *Fuenteovejuna* —hasta lo esquemático, por cierto—, mientras planea obras originales. Se inaugura la temporada del Español de 1903 a 1904 con el estreno—en 27 de octubre—de esta *Fuenteovejuna,* y de la comedia en un acto, de Jacinto Benavente, *Por qué se ama;* pero Valle-Inclán y Bueno reajustan el tercer acto de su refundición, restablecen algunos pasajes de Lope, a fin de evitar que el final se precipite en la forma brusca que alguien reprochó a los arregladores, y la obra se repone en enero siguiente.

---

(1) "Ramón del Valle-Inclán". Folletón de Juan Ramón Jiménez, en *El Sol,* antes citado.

Se encuentra Valle-Inclán en el saloncillo del Español tan satisfecho como siempre que tiene gentes alrededor dispuestas a escucharle, y si le excitan el pensamiento o la fantasía, por contraposición de pareceres o simple escarceo dialéctico, tanto mejor. La verdad es que los tertulianos del Español le son mucho menos incondicionales que los del café habitual. Los rojos cortinones del saloncillo arropan recuerdos y supervivencias de un mundo que presenta a Valle-Inclán justamente las figuras del *pim-pam-pum* de su menosprecio. Concurren casi diariamente Echegaray, Sellés, Picón, Balart; también Ricardo de la Vega, el crítico José de Laserna, el pintor Gomar, Ricardo J. Catarinéu, escritor de varia pluma. Figura de alto relieve en el saloncillo—y fuera de él—es el Duque de Tamames, uno de los oyentes a quienes más desconcierta Valle-Inclán con sus relatos de aventuras y sus raras opiniones. "¿Estará loco este hombre ...", llega a pensar el Duque. María Guerrero le suele tranquilizar: "No haga caso, padrino; Valle tiene esas cosas..." Uno y otro acaban por entenderse bien. Tamames—elegante por dentro y por fuera—es un gran señor nacido para vivir en sociedad de tono superior a la de su tiempo. No puede con la chabacanería, que gana terreno, ni acepta pérdidas en el viejo estilo de la aristocracia. Un día, confiesa a Valle-Inclán su dolor de superviviente o desterrado: "Se va apoderando de mí el microbio de la ira..."

Hacia 1905, el centro de los teatros de Madrid ya no está para Valle-Inclán en el Español, sino allá donde trabaje una actriz muy joven, ingenua de veras, Josefina Blanco:

menuda y airosa, ojos muy vivos, voz de áureo timbre, lindas manos. Es amiga de Valle-Inclán desde el momento mismo de conocerle en casa de María Tubau y Ceferino Palencia, años atrás, cuando Valle-Inclán tenía aún sus dos brazos. Josefina Blanco contaba entonces dieciséis o diecisiete años, y actuaba de dama joven en la compañía de la Princesa, siendo recientísima su iniciación en el teatro, al dictado de una vocación fortalecida por la aptitud y estimulada por un ejemplo tan cercano como el de su tía y madrina, la excelente actriz Concha Suárez.

De oír a Sofía Alberá—actriz de la compañía de María Tubau—ponderar el raro atractivo del "Alma soñadora", como llamaba a Valle-Inclán, había entrado Josefina Blanco en deseos de conocer a hombre tan singular. No quedó frustrada su curiosidad la tarde en que le viese por primera vez: de pie ante el balcón, que encuadraba como una hornacina su figura hierática y escuálida; una mano sobre el pecho, la otra caída a lo largo del cuerpo. Barba y sonrisa le dan cierto aspecto mefistofélico, al parecer de Josefina, que lo confiesa en *Memorias,* hasta ahora inéditas. Pero a la par, los ojos dulces y tristes, la melena cayendo sobre los hombros, hacen pensar a Josefina en un Cristo de Muñoz Degrain, según "un cuadro—escribe—que le había impresionado. Representaba a Jesús caminando sobre las aguas, después del dulce reproche: "¿Qué teméis, hombres de poca fe?" "Y caminaba en aquella misma actitud del desconocido... ¿Cómo pude pensar en Mefistófeles?... Ahora—continúa—hablaba, hablaba mesuradamente, dulcemente, con cierta musicalidad que acaso dependía, más que del tono, de las palabras armónicas, enlazadas sabiamente, sin afectación, con naturalidad... Tenía la voz aguda, de timbre un poco femenino, y un acusado defecto de pronunciación sellaba su parla, suave, con ligero acento de nacionalidad imprecisa. ¿En qué consistía aquel defecto de expresión? ¿Era labial? ¿Era lingüístico? ¿Qué letra rozaba el desconocido al hablar? ¿Era la ce? ¿Era la zeta? ¿La ese, tal vez? Atendí. Era la ese; pero no desfigurándola, sino destacándola, silbándola un poco... Toda la afectación que faltaba en la palabra estaba en las manos, cuyos movimientos parecían medidos y estudiados con arte. ¿Dónde había yo visto otras manos como aquéllas?... ¿Dónde las vi? Las había visto hacía mucho tiempo. ¿Cuándo? ¿Dónde? Me recordaban algo que vivía en mí misma; pero ¿qué era? ¿De dónde era?..."

El misterio es muchas veces agente del amor, que gusta de suplir, inventando, y de engrandecer, dándose a las más caprichosas transfiguraciones. Por otra parte, es una de sus más fehacientes señales la de que el amado inspire al mismo tiempo atracción y temor, como si condensase todo el bien y todo el mal del mundo. El oscuro sentimiento que despierta Valle-Inclán en Josefina Blanco pasa, esclareciéndose, por todas las pruebas, y después de sufrir la más difícil, cristaliza en franco amor. Esa prueba, más difícil que otra alguna, es la del ridículo. Cuando Josefina Blanco ve a Valle-Inclán por primera vez a la luz del día, el resultado es desastroso. Ridículo es, en efecto, el figurón, con mucho de espantapájaros, que el sol, terrible piedra de toque, muestra a

Josefina una mañana en la Carrera de San Jerónimo. Sombrero puntiagudo de anchas alas, melena lacia que mancha los hombros de abundante caspa, barba revuelta, nariz enrojecida por el frío, traje raído, botas deformadas. ¿Qué transfiguración resiste al crudo reactivo de la luz normal?... Y, sin embargo, es en lucha con el dechado de la ilusión como adquiere el amor sus mejores verdades. El contraste de imaginación y realidad acaba por rendir saludables efectos, por cuanto se acaba queriendo a las personas o las cosas tales como son. Valle-Inclán ya no era un ser sobrenatural, sino un hombre como otro cualquiera, con sus ventajas y sus inconvenientes, con sus flaquezas y, por encima de todo, con su indefinible atractivo. Josefina Blanco vió en Valle-Inclán un hombre capaz de hacerla feliz, un guía, cuya acción había de serle mucho más necesaria cuando, a la muerte de su tía, quedó realmente sola en el mundo. Valle-Inclán, caballeresco y tierno, la brindaba protección por vía matrimonial. También él experimentó la necesidad de constituir una familia. En un proceso espontáneo de afectos, caen un día en la cuenta de que ya son novios; pero a veces se separan convencidos de que el empeño es vano, de que no llegarán a compenetrarse jamás. En alguna ocasión, la discordia, en plena calle, se sustancia en la Comisaría. Pero lo cierto es que el uno no puede vivir sin el otro: noviazgo reñido y azaroso que reviste los caracteres de una lucha con el propio destino. La honestidad impecable de Josefina elimina hasta la más remota idea de aventura, si es que Valle-Inclán hubiera llegado a concebir un plan semejante. Al contrario: Valle-Inclán prevé que su mujer—la mujer que le espera en el hogar soñado—no puede parecerse en nada a las "diabólicas" de que literariamente gusta. La sencilla verdad de las cotidianas venturas no puede personificarse sino en una muchacha como Josefina, que siempre se presenta cohibida, acortada por el pudor y la admiración; virtuosa sin ñoñez, culta sin pedantería, "sentimental, sensible, sensitiva". Su profesión de actriz, además, la inmunizaba del todo contra el sentido vulgar de la existencia.

Durante la temporada de 1905 a 1906, Josefina Blanco, que había trabajado en años anteriores junto a María Tubau y Carmen Cobeña, actuó en el teatro de la Princesa, bajo la dirección de Francisco García Ortega. La primera actriz era Matilde Moreno, y esta compañía estrena el 25 de enero de 1906 una obra concebida y realizada por Valle-Inclán con el propósito de liquidar el ciclo de que es el Marqués de Bradomín centro y culminación, mientras gira alrededor la ronda fantasmal de sus mujeres, que van y vienen de libro a libro. El héroe de las *Sonatas* reaparece, pues, en la "comedia romántica" titulada *El Marqués de Bradomín*, distribuída en tres actos, que mantienen estrecha relación con *Sonata de Otoño;* si bien el autor introduce variantes esenciales en el tema amoroso. Valle-Inclán incorpora también a su nueva obra algunos elementos de *Sonata de Primavera* y de *Flor de santidad;* acentúa en algún instante la emoción delicuescente y arcaizante de los textos originarios; desarrolla la sugestión escenográfica de algunos telones de prosa decorativa y da valor teatral a los factores corales y plásticos—los mendigos, el Abad de Brandeso y sus perros—que latían en obras anteriores. Fragmentada en el diálogo escénico, la literatura de Valle-Inclán cobra mayor afectación. El precioso lenguaje reservado a las acotaciones se pierde, puesto que forzosamente queda en el libro impreso. La acción de *El Marqués de Bradomín* escasea en efectos de hondo aliento dramático, y en el fino perfume, la grave sonoridad, la plástica disposición del poema teatral, no se mejoran análogas prendas de las *Sonatas*. De suerte, que Bradomín no salió ganando nada en su presentación a la luz de las candilejas. En todos los supuestos, se trataba de una creación que más podía gustar a los lectores habituales de su autor que al gran público.

Pero todavía conocen Bradomín y sus mujeres algunos nuevos trasiegos. En 1907 reaparecen las *Femeninas* de doce años antes, denominándose ahora *Historias perversas;* en 1908 Valle-Inclán aprovecha materiales de *Sonata de Otoño* para su cuento *Una tertulia de antaño,* y en 1909, *Cofre de sándalo,* recoge cuatro de las narraciones incluídas en *Femeninas—La Condesa de Cela, Tula Varona, Octavia Santino, Rosarito—,* más otro cuento, *Mi hermana Antonia.* La sombra fugitiva de Bradomín se proyectará aún en las novelas de *La guerra carlista.* Pero la figura de este pobre hombre y pobre diablo que fué Bradomín—criatura y maniquí—queda muy atrás de su progenitor. Valle-Inclán continúa su marcha hacia otras metas, en tanto Bradomín se desvanece. ¿Qué fué de él—cabe preguntar—en su pirandeliana existencia?... Desde luego, no se sabe que Bradomín muriese como él hubiera apetecido, porque la guerra y el amor le están vedados a los ancianos. En desafío, tampoco, porque el "Código del honor"—libro indefectible en la reducida biblioteca de Bradomín y de los bradomines—exceptúa de batirse a los mayores de sesenta años. Probablemente, Bradomín volvió, deshecho, a su tierra nativa. ¿Se acogió a la hospitalidad de unos parientes? ¿Pudo costearse la residencia en un hotel, fonda, casa de huéspedes o posada? ¿Acabó sus días en un asilo? Lo más seguro es que murió solo. Ninguna de las mujeres que giraron en torno suyo era capaz de asistirle, de encomendarle el alma, de cerrarle los ojos. Maximina, sí, al mandato de una oscura voz, disuelta en su sangre. Maximina había sido la única que, con sus tres bálsamos—sus palabras, sus sonrisas, sus ojos de terciopelo—, consoló en vida a Bradomín.

Lo que de bradominesco había en Valle-Inclán mismo quiso éste cancelarlo por matrimonio. Se casó, pues, como lo prejuzgaban sus relaciones, con Josefina Blanco. Pero no por poderes, como dijo alguna vez. El párroco de San Sebastián, doctor Andrés María Mayor, desposó el 24 de agosto de 1907, en la capilla de Nuestra Señora del Carmen de dicha iglesia, "por palabras de presente" a Josefa María Angela Blanco y Tegerina, soltera, de veintiocho años, natural de León, y Ramón José Valle y Peña, soltero, de cuarenta años, natural de Villanueva de Arosa, provincia de Pontevedra; domiciliados, la una, en Santa Catalina, 8; el otro, en Medellín, 7, calles ambas de la villa y Corte...

II

## NOCHES DEL NUEVO CAFE DE LEVANTE

Gran parte de la Historia contemporánea de España se ha producido en los cafés de Madrid, no ya por lo que en ellos se haya gestado, puesto que muchos preparan o sustancian allí sus negocios, sino hasta por lo que hablan: las conversaciones más despreocupadas acaban por gravitar sobre la realidad tanto como los hechos mismos, incluso los procrean. Mucho más claro es esto si lo referimos, en concreto, a los literatos, típicamente locuaces y aficionados a toda suerte de tertulias. Sumo ejemplo a este propósito presenta don Miguel de Unamuno. Con ser sus libros tantos y tan valiosos, no bastarían a explicar por sí solos la influencia extraordinaria que su autor ejerciera tantas veces de viva voz, no precisamente en la cátedra; huelga aludir, por obvias, a sus lecciones profesorales. Aludimos sí, a sus enseñanzas dondequiera hallase un oyente más que un interlocutor. Todo se lo decía él; no siendo éste el caso de Valle-Inclán, que, hablador de suyo, concedía alguna intervención a sus contertulios y aun le gustaba que objetasen o contradijeran, por la ocasión así brindada a réplicas y desviaciones del tema. Una charla de Unamuno era casi siempre una preparación de artículo o conferencia, y hasta darlas forma definitiva acostumbraba a repetir las mismas cosas. De lo que hablaba Valle-Inclán no se descubre apenas sombra en lo que escribía. Y es que su propia literatura le importaba menos de lo que muchos puedan creer, si bien guardaran estrecha relación con aquélla los temas de sus disquisiciones de café: anécdotas del siglo XIX, batallas de cualquier época, genealogía, artes plásticas; a su personal manera, antes cualificada por la intuición y la fantasía que por un cabal conocimiento.

Hubo un tiempo y un café en los que se localizó el antojadizo magisterio de Valle-Inclán, con marcada inclinación a las artes. Fué en el Nuevo Café de Levante, entre 1902 y 1914, aproximadamente (1). El Nuevo Café de Levante se hallaba establecido en la calle del Arenal, animada de una especial manera, que ha perdido su razón de ser, al mudar de carácter sus dos embocaduras: por un lado, la Puerta del Sol, con el Ministerio de la Gobernación; por otro, el Teatro Real y el Palacio de Oriente. De la espesa masa indiferenciada que henchía el café a toda hora, sobresalía, por las noches, el arriscado islote de los artistas y asimilados, bajo la dirección de Valle-Inclán. Don Ramón pontificaba, aun cuando la música, fluyendo del violín de Corvino y del pia-

_____

(1) Véase "Gente del 98", serie de artículos de Ricardo Baroja, en *Diario de Madrid,* iniciada el 20 de abril de 1935.

no de Enguita, reclamaba silencio. Alguien que lo quería imponer a toda costa tuvo con Valle-Inclán choques violentos. En realidad, lejos de constituir el mayor atractivo del Nuevo Café de Levante el arte excelente de los dos maestros citados, la seducción de mayor alcance radicaba en la palabra tenaz e ingeniosa de Valle-Inclán. Ni documentadas, ni siquiera razonables, solían ser sus opiniones, ni tampoco pretendía él que lo fuesen con arreglo a la lógica de los demás. Pero en todo caso, eran sugestivas y removedoras, conteniendo estímulos que obraron de algún modo en la inspiración y en la técnica de no pocos artistas de entonces. Decía Valle-Inclán, por ejemplo: "Los cuadros tienen que ser vistos vueltos hacia abajo, para que el asunto no estorbe a la percepción del color en sí mismo..." Cuando esto decía, nadie pensaba —ni él mismo, por supuesto—que el consejo debiera seguirse al pie de la letra. Lo que Valle-Inclán hacía, era resaltar los valores puros de la pintura en la que él no veía—como tampoco en la literatura—un arte meramente realista o representativo.

Pintores, escultores, grabadores, estudiantes de Arquitectura, formaban la tertulia de Valle-Inclán en el Nuevo Café de Levante, no concurriendo apenas otro hombre de su tiempo que Ricardo Baroja, salvo la aparición más o menos eventual de los amigos de siempre: Manuel Bueno, Alejandro Sawa, Bernardo G. de Candamo, el extraño Ciro Bayo. Pasan también por la tertulia escritores y artistas ya granados: Zuloaga, Rusiñol, Inurria, Amadeo Vives, Meifrén, "Silverio Lanza", Antonio y Manuel Machado...; americanos de varia clase y edad: Amado Nervo, Santos Chocano, Francisco A. de Icaza, el pintor Diego Rivera, y algún extranjero, de paso en Madrid: el pintor Matisse, el pianista Pugno, el hispanista francés Chaumié, que traducirá a Valle-Inclán, etc. Pero el nervio de la tertulia es la juventud que comienza a batallar en las artes plásticas, más algún literato: Julio Romero de Torres, Anselmo Miguel Nieto, Arteta, Victorio Macho, Rafael de Penagos, García Lesmes, Sebastián Miranda, Julio Antonio, los Zubiaurre, Gutiérrez-Solana, Moisés Huerta, Ortells, Leandro Oroz, Bartolozzi, Viladrich, los Oslé, Enrique de Mesa, Manuel Abril, etc.

Durante diez o doce años la vida artística de Madrid se centra en la tertulia del Nuevo Café de Levante, que conoce su máxima vibración en época de Exposición Nacional, por cuanto se agregan a los habituales, con residencia en Madrid, los artistas llegados de provincias al conjuro de medallas y menciones. En realidad, no caracteriza al grupo su apego a los conceptos y lauros oficiales. Mejor le define un espíritu de disidencia y oposición. Los artistas del Nuevo Café de Levante prefieren dar de lado a la Academia y organismos adyacentes, como, por su parte, hacen también los literatos, y asimismo aman la tradición con tal de que no sea la inmediata, casi rechazada de plano. Gustan de los primitivos en cuanto éstos les permiten partir de nuevo, y revisan la clásica pintura de los Museos con criterio actual, canonizando lo que antes disonara. Les interesa contradecir a los Jurados de las Exposiciones y hostilizar los Concursos que anualmente se celebran para adjudicar las pensiones en Roma.

Todavía es reciente el tema "Ultimos momentos de un anarquista condenado a muerte", que arrastra los últimos posos del romanticismo en descomposición. Los pintores del siglo XX, por el contrario, tratan de realizar su arte sin buscar derivativo alguno en una literatura melodramática que ni siquiera los escritores estiman ya, sin perjuicio—dicho sea entre paréntesis—de caer en las tentaciones literarias del modernismo. El modernismo y el 98, en general, repercuten en las artes plásticas y suscitan nuevas formas e intenciones. Zuloaga, Ramón Casas, más tarde Gutiérrez-Solana, representan el 98 en pintura; Romero de Torres, Santiago Rusiñol, los cartelistas de cierta firma, son el modernismo. Esta dirección, en el sentido que corresponde a Madrid, reconoce su sede en el Nuevo Café de Levante, y su animador número uno es Valle-Inclán. Pero las ondas de París y de Barcelona son captadas con la curiosidad desnacionalizada del arte a la moda. No se pintan ya cuadros de historia; se prefieren, para las grandes composiciones, escenas de pueblo o campo, con tipos de acentuado pintoresquismo; los retratos han de tener "vida interior"; triunfa el paisaje castellano; lo decorativo para en obsesión...

Valle-Inclán, que en lo literario exalta al Arcipreste y a Berceo, en lo plástico pondera extraordinariamente las miniaturas de los Códices medievales y las grandes creaciones, ingenuas, rudas o de extraña gracia, del románico y del gótico más distante. Pero en esta línea de preferencias no se contenta con el retroceso en el tiempo y se desplaza en el espacio para buscar fuera de España, en el Tiziano o en el Veronés, en Fra Angélico o en el Tintoreto, secretos del arte. Podría difundir Valle-Inclán la admiración por Goya, pero no suele ni nombrarlo, tal vez porque lo lleva perfectamente asimilado en el fondo de su espíritu. Ricardo Baroja, punto fuerte de la tertulia, contradictor muchas veces de Valle-Inclán, hace en Velázquez el elogio de la pintura nacional. Pero el numen español de los asiduos a Levante—y, coincidiendo con ellos, de cuantos cumplen las consignas de la época—es el Greco.

En principio, la influencia de Valle-Inclán sobre los jóvenes se opera en un orden puramente literario; ingredientes valle-inclanescos se descubren en las novelas, en los cuentos, en las crónicas, en los versos, de Antonio de Hoyos, de Alfonso Danvila, de Isaac Muñoz, de Emilio Carrère, de Antonio Rey Soto... Pero bajo otros aspectos, no dan el tono los escritores a la tertulia de Levante, sino los artistas, como ya sabemos. El ambiente saturado de preocupaciones estéticas que allí se respira explica, sin gran dificultad, la orientación pictórica de Julio Romero de Torres o de Anselmo Miguel Nieto; el gusto, estilo o manera de los estampistas, dibujantes e ilustradores que colaboran en revistas y editoriales—*La Esfera,* Renacimiento...—: Vivanco, Penagos, Marco, Bujados; el carácter más o menos español que dan a sus muebles Jerónimo y José Villalba; la valoración del libro como materia susceptible de ser trabajada por el arte, al modo que lo hace José Moya del Pino, aplicado en lo sucesivo a la ornamentación precisamente de los libros de Don Ramón... Se enlazan con estas tendencias a la fastuoso, a lo arcaico, a lo decorativo, a lo extravagante, las danzas de Tórtola Valencia y la pintura de Néstor. Poco después, cuando en 1917 llegan a Madrid los bailes rusos y exhiben en el Teatro Real su fantasmagórico espectáculo, los tertulianos del Levante creen penetrar en el paraíso prometido.

Como Valle-Inclán viniera sintiendo la necesidad de fijar sus ideas en materia de arte literario, aprovecha la ocasión de editar por segunda vez, en 1908, *Corte de amor,* para encabezarla con una "Breve noticia acerca de mi Estética cuando escribí este libro", texto en el que reelabora el prólogo que pusiera cinco años antes a *Sombras de vida,* cuentos de Almagro San Martín. La estética que Valle-Inclán profesa es, naturalmente, la del modernismo, entendida—en alguno de sus aspectos, por lo menos—según el ángulo visual de parnasianos y simbolistas. Lo mejor de su interpretación es que Valle-Inclán predica con el ejemplo, y con sus personales matices y propios medios de expresión anima los principios que adopta. En esa "Breve noticia" Valle-Inclán proclama su amor a las "imágenes desusadas, ingenuas, atrevidas, detonantes"; su aversión a la literatura "timorata y prudente de algunos antiguos jóvenes, que nunca supieron ayuntar dos palabras por primera vez"; su fe en la virtud formativa de las letras clásicas, pero no hasta el punto de tenerlas "por inviolables e infalibles"; su empeño por hacerse "un estilo personal", con preferencia "a buscarlo hecho, imitando a los escritores del siglo XVII"; su opinión de que "en el arte, como en la vida, destruir es crear...". He aquí la definición capital: "Si en la literatura de hoy existe algo nuevo que pueda recibir con justicia el nombre de modernismo, es ciertamente un vivo anhelo de personalidad, y por eso, sin duda, advertimos en los escritores jóvenes más empeño por expresar sensaciones que ideas." Esta consecuencia no es necesaria con rigor lógico, pero se acusa un hecho característico del momento literario, evidentemente en la tendencia "a refinar las sensaciones—como sigue diciendo Valle-Inclán—y a acrecentarlas en el número y en la intensidad". El argumento, formulado acto seguido, de una "evolución progresiva de los sentidos", que permita descubrir insospechables relaciones y equivalencias, no es tan persuasivo como el resultado espléndido a que llega Valle-Inclán en el propósito de enriquecer su prosa con efectos plásticos y musicales, porque la teoría de un artista es valedera si le sirve a él para acertar. La autoridad invocada por el autor—no siempre exacto en sus citas—de Baudelaire, de D'Annunzio y de Rimbaud, no le aprovecharía demasiado si el propio Valle-Inclán no poseyera un maravilloso don verbal. No desconoce Valle-Inclán que la literatura española ofrece buenos ejemplos de audacias de expresión, sólo que del atrevimiento, justificado en casos concretos, ningún clásico hacía regla general ni doctrina necesaria; así como todos cuidaban de que el lenguaje figurado no pasara de medio a fin. Para hacer ver a los enemigos de las novedades su falta de razón en asustarse de las imágenes creadas por el modernismo, Valle-Inclán aduce el precedente de Gracián y dice: "Gracián, en su poema *Las selvas del año,* nos presenta al sol como picador o caballero en plaza, que torea y rejonea al toro celeste, aplaudiendo su suerte las estrellas, que son las damas que miran la corrida desde los palcos o balcones. El sol se convierte luego en gallo, *"con talones de pluma—y con cresta de fuego"*, y las estrellas, convertidas en gallinas, son presididas por el sol, *entre los pollos del Tindario huevo...*" Pudo citar Valle-Inclán también a Góngora o a Quevedo, sobre todo a este último. Pero no lo haría, como antes decimos, en relación con Goya, porque también llevaba dentro a Quevedo; hasta los *Esperpentos* no se exteriorizarían por completo el uno y el otro. Celoso Valle-Inclán de su personalidad, resistió siempre a confesar sus más auténticas influencias que, en definitiva, acusaban la voz de una misma casta.

"Tener personalidad" es expresión que está a la orden del día en los círculos literarios de entonces. Se pasa por la extravagancia y hasta se la busca o se la recomienda: todo antes que lo rutinario y vulgar. Las gentes, formadas en los modos y modas de la Restauración y primeros años de la Regencia, se escandalizan del modernismo y tildan de peligrosas las enseñanzas de Valle-Inclán, y algún profesor de la Escuela de Bellas Artes de San Fernando repite a sus discípulos: "Vayan a todas partes; pero nunca al Café de Levante. Allí se lleva a la juventud a dar contra una esquina..." De una esquina se trataba, en efecto, salvando la intención malévola de la frase; esquina que marcaba el punto en que era posible dar la vuelta a una calle harto vista y transitada ya. Los artistas jóvenes querían otro itinerario y perder de vista el de los viejos: actitud de choque entre generaciones que se recrudece en determinadas circunstancias históricas.

De quedar atrás también, con tantas y tantas cosas, no se libró el propio Café de Levante, poco después cerrado: desvanecido en la desconcertante lejanía de lo contemporáneo. Ramón Gómez de la Serna ha hecho la fotografía literaria del Nuevo Café de Levante, como Mesonero Romanos legó la del Parnasillo: "Era un café resguardado, a buen recaudo, con un aire bohemio y japonés, extraña mezcla en la que lo japonés lo ponían unos *panneaux* muy de la moda del tiempo, en que se recordaban con vagos diseños los cuadros de los biombos que llegaban de Filipinas. Era un café con música —música de refinados, aunque baratos, melómanos—, y cuando se abría la puerta en el crudo invierno salía una tufarada de humo de pipas y humo de notas."

Que la tertulia instalada en el Nuevo Café de Levante fuera la más estable de cuantas Valle-Inclán tuviese, no quiere decir que mientras duró gozara de la exclusiva, pues las dos o tres horas que en ella consumía todas las noches dejaban mucho margen a la vida en los otros cafés y cervecerías que continuaba frecuentando. Todavía iba Valle-Inclán a Candelas, y es aquí donde se agrega al grupo—estamos en mayo de 1906—un muchacho, que nadie conoce, de marcado acento catalán, triste y enfermizo, poseído por no se sabe qué oscura y exaltada idea. No transcurren muchos días sin que este sujeto tan extraño deje al descubierto todos sus misterios, puesto que es el que cae suicidado en campos de Torrejón de Ardoz, no sin matar antes al guarda que lo aprehendía: Mateo Morral, el autor del atentado contra Don Alfonso XIII y Doña Victoria Eugenia el día de sus bodas, al desfilar en brillante cortejo por la calle Mayor. Valle-Inclán y Ricardo Baroja identifican el cadáver de Mateo Morral en el Depósito. Pío Baroja, que se asomaba alguna vez—con poca simpatía, por cierto—a la tertulia de Valle-Inclán, se inspiró en ese criminal para componer uno de los personajes—el anarquista Brull—de su novela *La dama errante*.

Noctámbulos irreductibles, Valle-Inclán y sus amigos más íntimos gustan de recalar, hacia estos mismos días justamente, en el Central Kursaal, que se acaba de inaugurar en el Frontón de la plaza del Carmen, sin detrimento del juego de pelota, porque los partidos siguen celebrándose durante el día. Por la noche se habilita un escenario para espectáculo de *varietés,* y el público, distribuído entre los veladores que cubren la cancha, se regodea con las danzas exóticas de Mata-Hari y los cuplés picantes de "La Fornarina". Otro número, el de las "Hermanas Camelias"—dos malagueñas muy jóvenes, bonitas y graciosas—, gusta mucho, y no pasa inadvertido al público habitual el interés que la más guapa—Anita—despierta en el Maharajah de Kapurtala, uno de los Príncipes venidos a la Corte desde los más varios confines del mundo, con ocasión de la boda regia. Valle-Inclán idea la broma de amañar una carta, que redacta él mismo y firma con el nombre de Anita, declarándole al Maharajah el amor que siente por él. La treta tiene un éxito realmente imprevisto, y las cosas se producen de tal suerte que el régulo indio se lleva a París consigo a la malagueña del Central Kursaal; la instala en un colegio, a fin de bañarla en un mínimum de instrucción social, y al cabo se casa con ella. Complacido Valle-Inclán de su obra, le dice un día a Leandro Oroz, que había mediado en las pintorescas negociaciones, ganándose la confianza del Maharajah: "A ver si consigue usted de ese hombre una condecoración para mí, con derecho a turbante, caftán y alfanje..."

Los años que corren al hilo de las veladas del Nuevo Café de Levante abarcan un período en que Valle-Inclán, después de las últimas *Sonatas* y de las reimpresiones que ya citamos, abre nuevos ciclos de producción: las *Comedias bárbaras*, que por lo pronto son dos; las tres novelas de *La guerra carlista*, la selección de *Las mieles del rosal*, los versos de *Aromas de leyenda*, etc. Datan asimismo de entonces los estrenos de *Cuento de abril, Voces de gesta* y *La Marquesa Rosalinda*; el manuscrito de la tragedia *El embrujado*... La labor, por su extensión e intensidad, es realmente ímproba. Sobre este fondo de trabajo y consagración, la figura de Valle-Inclán va ganando talla y relieve. Es la época a que corresponden las poesías en que Rubén Darío rinde su culto a Bradomín y a su progenitor. El *Soneto autumnal al Marqués de Bradomín,* que Rubén Darío le envía a Valle-Inclán desde París, dice así:

Marqués (como el divino lo eres), te saludo.
Es el Otoño y vengo de un Versalles doliente.
Había mucho frío, y erraba vulgar gente.
El chorro de agua de Verlaine estaba mudo;
   me quedé pensativo ante un mármol desnudo,
cuando vi una paloma, que pasó de repente,
y por caso de cerebración inconsciente,
pensé en ti. Toda exégesis, en este caso eludo.
   Versalles otoñal, una paloma, un lindo

9

mármol; un vulgo errante, municipal y espeso;
anteriores lecturas de tus sutiles prosas;
la reciente impresión de tus triunfos... Prescindo
de más detalles, para explicarte por eso,
cómo, autumnal, te envío este ramo de rosas.

La otra composición—inserta como prólogo en *Aromas de leyenda*—, soneto también, más logrado en su forma, a nuestro juicio, es la siguiente:

Este gran don Ramón de las barbas de chivo,
cuya sonrisa es la flor de su figura,
parece un viejo dios, altanero y esquivo,
que se animase en la frialdad de su escultura.
El cobre de sus ojos por instantes fulgura,
y da una llama roja tras un ramo de olivo.
Tengo la sensación de que siento y que vivo,
a su lado, una vida más intensa y más dura.
Este gran don Ramón del Valle-Inclán me inquieta;
a través del zodíaco de sus versos actuales
se me esfuma en radiosas visiones de poeta,
o se me rompe en un fracaso de cristales.
Yo le he visto arrancarse del pecho la saeta
que le lanzan los siete pecados capitales.

## 12

## LAS "COMEDIAS BARBARAS"

VALLE-INCLÁN, casado, halló resueltos muchos problemas que le maltraían. Se acabó el rodar por casas de huéspedes, el comer o no comer, el vestir de cualquier manera... Retenido por la comodidad de su hogar, Valle-Inclán consume gran parte de la jornada escribiendo en su casa, un buen piso de la calle de Santa Engracia, en cuya instalación se descubre la mano diligente de una mujer que sirve, en muebles y detalles, gustos propios y, naturalmente, caprichos o resabios de literato. Una vidriera de iglesia en un balcón y *stores* en otros huecos procuran apacible penumbra. Llamea el carmesí de un estrado isabelino. Rojos también los cortinones. Flores en cacharros de cerámica popular. Un arcón antiguo. Sobre la repisa de un diván la *Bella desconocida*. En el dormitorio, un *Descendimiento*. En las paredes de esta o aquella habitación, cuadros de los artistas amigos: un jardín, de Santiago Rusiñol; un retrato de mujer, de Julio Romero de

Torres; un aguafuerte de Ricardo Baroja, un dibujo de Ramón Casas. Valle-Inclán casi no concibe cómo pudo aguantar tantos años de figón y callejeo, sin conocer otro punto amable de reposo que el café. Ya no gasta melena, se ha rapado totalmente la cabeza, y a sus quevedos han sustituído unas gafas. Es la época en que Anselmo Miguel Nieto le hace su primer retrato.

El 98 es un recuerdo, y el "problema de España" preocupa ya a los gobernantes, como es lógico, más que a los escritores. Maura aborda la cuestión de resolver en principios y aplicaciones de Ley la crítica suscitada ocho o diez años antes por la tremenda lección de Cavite y de Santiago de Cuba. El modernismo va ofreciendo perspectivas de agua pasada, en tanto desgranan sus días 1907, 1908, 1909... Los literatos consabidos se sienten más seguros de su obra y encuentran puntos de apoyo en el servicio al Estado, en la política, en la Prensa, con las ventajas reservadas a los consagrados. Maeztu sigue de cronista de *La Correspondencia de España* en Londres. "Azorín" es diputado a Cortes. Antonio Machado, catedrático. Jacinto Benavente, un valor que la burguesía acepta y exalta, allanándose al castigo de sus comedias satíricas. Rubén Darío luce en recepciones palatinas uniforme diplomático. Manuel Machado vuelve de toda bohemia y será—paradoja de modernistas—archivero, bibliotecario y arqueólogo. La contumacia de Villaespesa resulta excepcional: continúa divagando por el jardín, triste y húmedo, de sus versos, tan bellos y tan pasados. Su camarada Juan Ramón Jiménez, por el contrario, crece en sus ansias de poesía y se goza en que "el sol entre en su vida por la ventana abierta...". También Valle-Inclán siente la vehemente necesidad de la creación literaria y busca en las *Comedias bárbaras* la pulsación de nuevos temas.

Las *Comedias bárbaras,* así denominadas por su expresión teatral en diálogo y por su fondo de pasiones en elemental crudeza, forman una serie, que se abre en 1907, con *Aguila de blasón,* y continúa en 1908, con *Romance de lobos* (1). Mucho más adelante, en 1922, *Cara de plata* cierra el ciclo. Mantiene éste con el anterior de las *Sonatas* y *Flor de santidad* sólo un ligero contacto, el suficiente para la continuidad a que en su desarrollo no dejó jamás de obedecer la producción de Valle-Inclán. En *Sonata de Otoño* aparece ya Don Juan Manuel Montenegro, que centrará las *Comedias bárbaras.* Le conocemos entonces como tío de Bradomín. Hidalgo turbulento, libertino y jactancioso, cruza un día la escena al galope de su caballo. "No puedo detenerme—vocifera—. Voy a Viana del Prior. Tengo que apalear a un escribano..."; escena que halla, algo después, plástica adecuada en *El Marqués de Bradomín,* y nueva versión en *Romance de lobos.* Pero Don Juan Manuel Montenegro preexiste a las *Sonatas.* Como que surge en uno de los cuentos incluídos en *Femeninas:* en *Rosarito.* El autor lo define: "Uno de esos

---

(1) *Romance de lobos* se publicó con anterioridad en el folletín del diario madrileño *El Mundo,* a partir del primer número—21 de octubre de 1907—de este periódico, que, dirigido en su época inicial por Julio Burell, adquirió un acusado matiz literario. La inserción de *Romance de lobos* terminó en 26 de diciembre del mismo año.

locos de buena vena, con maneras de gran señor, ingenio de coplero y alientos de pirata." Otros rasgos suministra Valle-Inclán sobre su incipiente personaje: "Bullía de continuo en él una desesperación sin causa ni objeto, tan pronto arrebatada como burlona, ruidosa como sombría. Atribuíansele cosas verdaderamente extraordinarias..." Y, al final del cuento, se pierde en ráfagas luciferinas. Parece que el tipo es trasunto literario de un tío-abuelo de Valle-Inclán, apellidado, efectivamente, Montenegro, en primer término, y por línea materna Saco de Andrade. El aire de familia es inequívoco con Bradomín desde luego y también con el propio Valle-Inclán, que en sus criaturas manifestaba, más o menos estilizados, las cualidades y los defectos que él se cultivaba en su persona misma. Si en algo se diferencian esencialmente el viejo Montenegro y el joven Bradomín—peripecias aparte—es que la furia del primero, frisando en locura, aventaja en autenticidad a la cortesanía del segundo, empeñado en hacer su papel. Drama auténtico, arrastrado por sangre ancestral, es el que viven los Montenegros: padre, Don Juan Manuel, e hijos: Don Pedrito, Don Rosendo, Don Mauro, Don Gonzalito, Don Farruquiño, Don Miguel, que tienen mucho de aquellos caballeros, con injerto de bandidos, cuya extirpación promovieron los Reyes Católicos en memorable batida contra supervivencias feudales en tierra de Galicia. La degradación se acentúa en la estirpe de Don Juan Manuel bajo el múltiple sino adverso del caso patológico, del extravío moral, de la ruina económica. Todo hace quiebra en los Montenegros, y el drama en que se agitan estos personajes no se superpone artificiosamente al paisaje físico y social de Galicia; halla en él, por el contrario, justificación y complemento.

Antes de que acciones y pasiones definan sucesivamente en las *Comedias bárbaras* a Don Juan Manuel Montenegro, el autor nos lo presenta de esta manera en la escena segunda de *Aguila de Blasón:* "Es uno de esos hidalgos mujeriegos y despóticos, hospitalarios y violentos, que se conservan como retratos antiguos en las villas silenciosas y muertas, las villas que evocan con sus nombres feudales un herrumbroso son de armaduras; el caballero llega con la escopeta al hombro, entre galgos y perdigueros que corretean, llenando el silencio de la tarde con la zalagarda de sus ladridos y el cascabeleo de los collares..." El detalle de "aquella voz de gran señor, engolada y magnífica", se añade al retrato de Don Juan Manuel, y lo completan con pocas palabras en cada caso, aquí o allá, observaciones a cargo de otros personajes. Por ejemplo, Doña Rosita dice: "Don Juan Manuel lleva un rey dentro"; o Sabelita, que asegura: "No se queja por no verse compadecido." Este afán de recoger en un diálogo matices diversos de un alma que gira para ofrecerse a diversas luces da a las *Comedias bárbaras* una profundidad que no conocen, salvo en determinados instantes, los someros análisis de Valle-Inclán en sus obras de la primera época. Esta impresión de mayor hondura que daba ya *Flor de santidad* respecto a las *Sonatas,* se acentúa en las *Comedias bárbaras,* donde la Naturaleza suele prevalecer sobre la escenografía. Todavía persiste—y acaso nunca desaparece del todo—el decorado alusivo al ambiente gallego, poemático de suyo. Pero tras el telón de fondo, que es Viana del Prior o Flavia-Longa, ruge la Naturaleza, haciendo intervenir en la acción sus fuerzas y elementos todos. No responden a simple tramoya los relámpagos shakesperianos que iluminan fugazmente la figura del exasperado caballero en cierto pasaje de *Romance de lobos:* los relámpagos, los truenos, el viento y la lluvia desencadenados son la tormenta misma del alma de Don Juan Manuel. Le embravece y le deprime, con humanas alternativas, el dolor causado por la monstruosa depravación de sus hijos; pero acierta Don Juan Manuel a sentir, por encima del suceso inmediato, la tremenda angustia de su secular linaje degradado. Todavía su abuelo, Don Ramón María, había sido, según una vieja, "el primer caballero de estos contornos, un caballero de aquellos cual no quedan". Don Juan Manuel, junto a los graves pecados de que es su santa mujer víctima primera, conserva positivas virtudes de valor, generosidad y amor a la justicia, siquiera las desnivele una mente bien poco normal. Pero sus hijos sólo han heredado los vicios, y los acrecen hasta caer, sin contrapartida alguna, en la infame condición de ladrones y agresores de su padre. Don Juan Manuel no ha perdido del todo el juicio; distingue, en definitiva, los supremos valores humanos y religiosos; gracias a su fondo de cristiano viejo, supera con el arrepentimiento procacidades y blasfemias, e integra en su conciencia la emoción trascendente del linaje podrido. "Tus ojos —dice a Micaela la Roja,—son como el alma de aquel tiempo que muere con nosotros. Los siete malvados que engendré para mi afrenta, convertirán en un nidal de ladrones esta casa de mis abuelos. Conmigo se va el último caballero de mi sangre, y contigo, la lealtad de los viejos criados."

En el vasto ámbito de las *Comedias bárbaras* actúan con entera libertad y suficiente individualización otras fuerzas personales que en *Flor de santidad* no llegaron a acusarse tanto. La masa general se especifica en tipos que hablan con voz suya. De algunos pudiera decirse que se expresan con gestos, como el bufón Don Galán, de máscara de cartón. Pero la deformación grotesca a que gusta Valle-Inclán de someter frecuentemente los rasgos humanos no quiere decir que detrás de la careta deje de haber una cara. La mayoría de los personajes de *Aguila de Blasón* y de *Romance de lobos* se dibujan con línea dislocada, pero viva. Buscada o no, la propensión a la caricatura es peculiar de Valle-Inclán, quien extrema el derecho a la unilateralidad de visión privativo del artista, facultado para tomar de la realidad sólo aquellos datos que le interesan a su designio y para valorarlos aisladamente. De ahí el trazo recalcado a costa de los demás que se omiten, la nota insistida sin guardar proporción con el conjunto, la exageración y exclusivismo en personajes y escenarios... No es, *verbi gratia,* un recurso más, sino un resorte esencial en su modo de ver, la escena de *Romance de lobos,* que compone a este tenor: "Patriarcas haraposos, mujeres escuálidas, mozos lisiados, hablan en las tinieblas, y sus voces, contrahechas por el viento, son de una oscuridad embrujada y grotesca, saliendo de aquel roquero que finge ruinas de quimera, donde hubiese por carcelero un alado dragón." Lo anormal obsesiona al autor, y así huye del halago del paisaje gallego para abandonarse al escalofrío de lugares medrosos, inventados adrede, y gozarse a su manera en la contemplación de un mar expresamente desprovisto de su joyante reverberación y graciosas espumas. Estéticamente, las risueñas rías de Galicia no existen para Valle-Inclán. Su anhelo de descubrir lo infrecuente y patético le lleva, una vez, al mar "ululante y negro"; otra, a "un mar verdoso y temeroso...". Ante la realidad gallega que, pese a todo, Valle-Inclán saborea sin localizar demasiado para mejor escapar del lugar común, prefiere lo más fantástico e inverosímil: el mundo poblado, en sus alucinaciones, por la gente sencilla, de trasgos, brujas y duendes; el mundo de la Santa Compaña, que se hace sensible en la escena primera de *Romance de lobos,* cuando el autor describe, con arte de medievales resonancias, los estados de delirio y espanto por que pasa el ánimo de Don Juan Manuel, que vuelve borracho de la feria, jinete en inquieto potro.

Por las rareza e irregularidad de sus vidas interesan a Valle-Inclán el mendigo, la curandera, el peregrino... Y también le interesan porque sus oficios o menesteres, al margen del tiempo, son de los que jamás empiezan ni acaban. Cuanto más inactuales, más dados son ciertos tipos a la conseja, a la leyenda, al cuento. A Valle-Inclán le atrae—digámoslo una vez más—lo que no data o lo que, por datar vagamente, se pierde en nieblas propicias a la transfiguración poética. Como la acotación a una escena de la jornada final de *Aguila de Blasón:* "Sabelita está sentada a la sombra de unas piedras célticas, doradas por líquenes milenarios. Desde el umbral de la casa se la divisa, guardando una vaca, en lo alto de la colina druídica, que tiene la forma de un seno de mujer..." Si algo cambia, renovándose cada día para cobrar aliento nuevo, es precisamente el hombre. No es Valle-Inclán propiamente un psicólogo, y ha de atenerse a manejar pasiones que sólo conoce por sus efectos; pero en alguna ocasión da con el secreto íntimo que las explica. Sirva de ejemplo la escena en que se enfrentan, en dualidad superada por una piadosa comprensión del caso respectivo, la esposa y la querida de Montenegro. La esposa "no concibe que pueda existir una mujer que no esté loca por Don Juan Manuel". La querida, al pedir perdón, reconoce el mal causado, pero también el padecido. "Quise romper para siempre con el pecado y salir de esta casa", gime Sabelita a los pies de D.ª María. Y ésta le contesta: "Has hecho bien, porque así salvarás tu alma... Cuando te vayas vendrá otra mujer, que acaso no sea como tú... Yo soy vieja y no podré ya nunca recobrarle. ¡No pude cuando era joven y hermosa! Y tú eres buena y tú le quieres..." Sabelita replica: "Si pudiese haber disculpa para mí sería ésa..."

"No tengo más que un pecado...—clama Don Juan Manuel, a la hora de la confesión ante el cadáver de D.ª María—. ¡Uno sólo que llena toda mi vida! He sido el verdugo de aquella santa, con la impiedad, con la crueldad de un centurión romano en los tiempos del Emperador Nerón... ¡Un pecado de todos los días, de todas las horas, de todos los momentos!..." Don Juan Manuel se dispone a la muerte, que le llega, en pos de lances diversos, de una manera terrible: en la cocina de su casona, befado por sus hijos, mientras le rodean los pobres a quienes lega su fortuna. La escena en que termina *Romance de lobos* apenas si es representable por exceso de teatralidad, ya que el barullo y recargada violencia acaso quitaran decoro estético al espectáculo. La acotación dice así: "El segundón atropella por los mendigos y los estruja contra la puerta con un impulso violento y fiero, que acompañan voces de gigante. La hueste se arrecauda con una queja humilde: pegada a los quicios, inicia la retirada, se dispersa como un murmullo de cobardes oraciones. El caballero interpone su figura resplandeciente de nobleza: los ojos llenos de furias y demencias, y en el rostro la altivez de un rey y la palidez de un Cristo. Su mano abofetea la faz del segundón. Las llamas del hogar ponen su reflejo sangriento, y el segundón, con un aullido, hunde la maza de su puño sobre la frente del viejo vinculero, que cae con el rostro contra la tierra. La hueste de siervos se yergue con un gemido y con él se abate, mientras los ojos se hacen más sombríos en el grupo pálido de los mancebos. Y de pronto se ve crecer la sombra del leproso, poner sus manos sobre la garganta del segundón, luchar abrazados, y los albos dientes de lobo y la boca llagada morderse y escupirse. Abrazados caen entre las llamas del hogar. Transfigurado, envuelto en ellas, hermoso como un haz de fuego, se levanta el pobre de San Lázaro." Este grita: "¡Era nuestro padre!", y la voz de todos le corea: "¡Era nuestro padre, era nuestro padre!"

La tragedia se ha consumado. O la tragicomedia, si se quiere, pensando en la de *Calisto y Melibea,* por lógica asociación de ideas o, mejor dicho, de formas. Morfológicamente, las *Comedias bárbaras* se ajustan al patrón marcado por *La Celestina,* en su traza de novela dialogada y representable, que también hubo de seguir Pío Baroja en *La casa de Aizgorri. Romance de lobos,* más aún que *Aguila de Blasón,* se asiste de un lenguaje ricamente dotado de sustancia popular e incluso plebeya, y en salvar lo feo o malsonante, por obra y gracia de la ley de necesidad que rige todo estilo, cifra Valle-Inclán uno de sus mayores empeños. Los personajes de las *Comedias bárbaras* hablan como tienen forzosamente que hablar, dada su naturaleza, y la locución más cruda adquiere un sorprendente valor de representación, apurando cada vocablo su sentido hasta la raíz, en un habla que se mantiene a tono con la sombría imaginación y enérgico realismo de la patética caricatura que son las *Comedias bárbaras.*

## 13

## CARLISMO Y LITERATURA

Las dos primeras *Comedias bárbaras* alternan en el tiempo de su publicación con la de otros libros de Valle-Inclán. Estos: *Aromas de leyenda,* subtitulado "versos en loor de un santo ermitaño", que aparece en 1907; *Los cruzados de la Causa,* novela de que arranca en 1908 la serie sugerida por la última guerra carlista; *El yermo de las almas,* reelaboración que ve la luz—en 1908 también—del drama *Cenizas,* estrenado en 1899, y que en el nuevo texto cambia los actos por "episodios"—*De la vida íntima,* añade el autor en la cubierta—y da mayor desarrollo a las acotaciones, y *Una tertulia de antaño,* narración por la que pasa Bradomín, con variaciones sobre el mismo tema de *Sonata de Invierno.*

Los versos de *Aromas de leyenda* se corresponden con la prosa de *Flor de santidad,* por lo que tiene esta "leyenda milenaria" de poesía, en ambiente, figuras y lenguaje, refiriéndose ambas formas de expresión, ya que no a temas por completo semejantes, a un mismo concepto de la Galicia más remota y elemental. La preferencia de Valle-Inclán por los primitivos de la lengua castellana y su gusto por la poesía popular del idioma nativo, encuentran buena ocasión para transparentarse en estas composiciones de amañada ingenuidad. La emoción inactual de paisajes y leyendas se acompasa tanto a los sones de la gaita gallega como a los de la lira modernista, y la letra responde a un espíritu transido de amor a la Naturaleza y de emoción por el tiempo que se va y nos lleva:

¡Oh, los hondos caminos con cruces y consejas,
por donde atardecido van renqueando las viejas,
cargadas con la leña robada en los pinares;
la leña que de noche ha de ahumar en los llares,
mientras cuenta una voz los cuentos seculares,
y a lo lejos los perros ladran en los pajares!
¡Oh, tierra de la fabla antigua hija de Roma,
que tienes campesinos arrullos de paloma!
El lago de mi alma yo lo siento ondular
como la seda verde de naciente linar,
cuando tú pasas, vieja alma de mi lugar,
en la música de algún viejo cantar.
¡Oh, tierra, pobre abuela olvidada y mendiga,
bésame con tu alma ingenua de cantiga!

Voces ancestrales llaman a Valle-Inclán desde muy lejos y un sentimiento profundo de nostalgia invade este libro, como tantos otros del autor, y la vida del autor mismo; porque aun cuando derive actitud semejante de un criterio puramente estético, la Estética es, o punto menos, la razón vital de Valle-Inclán, la sangre de su espíritu. La Estética, en efecto, le lleva al tradicionalismo, derivativo político fácil de explicar si se recuerdan, a más de conceptos generales gratos al autor, los antecedentes concretos del elogio que hace Valle-Inclán de Don Carlos en un pasaje, antes citado, de *Sonata de Invierno,* y la confesión, veteada de ironía, en esa misma obra, también transcrita en capítulo anterior: "El carlismo tiene para mí el encanto solemne de las grandes catedrales..." En ponderar las virtudes del Pretendiente solía insistir Valle-Inclán hablando entre amigos, incluso cuando tiempo adelante cayó en las peores tentaciones políticas. "¡Cuánto me extraña, D. Ramón, que hable usted así de Don Carlos siendo un Borbón!", le objetó alguna vez un republicano de los históricos. A lo que repuso Valle-Inclán, improvisador de réplicas sin apelación posible, deslizándose voluptuosamente por la rampa de un prócer esdrújulo: "Es que Don Carlos verdaderamente no era un Borbón; era un Módena..."

La figura de Don Carlos se le presenta a Valle-Inclán, desde muy joven, con poderoso atractivo personal y elocuente valor simbólico. El tradicionalismo había revestido en España formas marciales y romancescas muy acordes con el sentido autocrático y heroico que en Valle-Inclán alentara siempre. Con sentido además protestario contra un sistema que a él, de sentimientos antiliberales, no le inspiraba la menor simpatía. Sobre todo, Valle-Inclán estaba siempre dispuesto a navegar contra la corriente, y el Tradicionalismo no privaba ciertamente entre las gentes de pluma: o adictas a los partidos que turnaban en el ejercicio del Poder, o simpatizantes, cuando no expresamente adheridas, a la política de los republicanos. Tradicionalismo, decimos, por carlismo, términos que en todo caso no son equivalentes. Tradicionalistas fueron, por ejemplo, a su peculiar modo, Donoso Cortés, Balmes, Menéndez y Pelayo; pero no carlistas, en virtud de razones que no es de este momento puntualizar. Mucho más que la doctrina, le seducía a Valle-Inclán el hecho del carlismo, con su airón romántico en las múltiples pruebas de la guerra y del destierro. Ecos de la Cruzada tradicionalista habían llegado hasta Valle-Inclán, niño, mientras se sustanciaba la última campaña. Y estos relatos cobran mayor relieve y autenticidad al cabo de los años, por gozarse él en recogerlos de quienes los vivieran en las trincheras y campos de batalla. Valle-Inclán busca el trato del veterano del Norte o del Maestrazgo y hace amistad con el General D. Amador del Villar, que estuvo con Montejurra y Lumbier; es contertulio en Fornos de D. Fernando Adelantado de Aragón, otro viejo jefe del Ejército carlista, y del Conde de Ribagorza, un La Cerda, de existencia aventurera. La intimidad que Valle-Inclán llega a establecer con un joven caballero de la confianza de Don Carlos y de Don Jaime, el luego Marqués de Santa Cara, D. Joaquín Argamasilla de La Cerda, le sirve de mucho para orientarse en el mundo que pretende incorporar a la literatura. Es huésped de Argamasilla, en Aóiz, como lo es también en Villafranca de otro prócer carlista: el Conde de Rodezno, porque Valle-Inclán quiere unir el conocimiento de los hombres al del terreno, y visita Navarra a fondo. Navarra le entusiasma y no la olvidará jamás. La Geografía y la Historia colaboran en hacer que Valle-Inclán ame y admire con marcada predilección tierra tan in-

10

signe, flanqueada nada menos que por el Pirineo y el Ebro.

Las novelas *Los cruzados de la Causa,* aparecida en 1908; *El resplandor de la hoguera,* en 1909, y *Gerifaltes de antaño,* a los pocos meses de la anterior, componen la trilogía de *La guerra carlista.* Vuelven a ellas personajes de Valle-Inclán que nos son ya conocidos, pero sólo a título episódico: el Marqués de Bradomín, Don Juan Manuel Montenegro y el menor de los hijos de este último, el llamado por su atractivo semblante *Cara de Plata,* que mejorará de destino, puesto que le espera el primer plano de toda una novela: la última de las *Comedias bárbaras.* Reaparecen, entre otros elementos no exentos de significación, tanto por el estilo a que responden como el amaneramiento en que caen, aquellos "perros negros, llenos de maleficio", que ya vimos y oímos en muchas páginas anteriores y que ahora ladran a la luna ensangrentada del carlismo en armas, como en otro tiempo a la luna pálida de las *Sonatas* y de algún cuento de ese mismo ciclo. Los perros de Valle-Inclán tienen en su *pedigree* literario a los de Barbey d'Aurevilly, tan dados a aullar con melancolía característica en las noches poseídas por el misterio; el mismo Barbey d'Aurevilly, de *El cabecilla Destuches,* o de *La hechizada,* que sugiere a Valle-Inclán la línea paralela, en España, al supersticioso mundo del campesino normando y a las romancescas luchas de la Vendée. El peso de este antecedente se hace sentir, a no dudarlo, en *La guerra carlista.* Bien es verdad que ese linaje de emociones es consustancial al arte de Valle-Inclán, abundante en "ritornelos" que son—como éste que, al azar, elegimos en *El resplandor de la hoguera*—la afirmación de su constante nostalgia, de su lánguida entrega a la seducción de las cosas distantes e inciertas: "¡Oh música ligera que el viejo clavicordio desgrana lleno de pesadumbre! Eulalia la tenía olvidada, y de pronto creyó oírla, muy lejana, con vaguedad de sueño, bajo la mirada de un húsar que luce sobre el dorman la cruz de Santiago..."

Se acentúa en *La guerra carlista* el épico perfil que ya se dibujaba en las *Comedias bárbaras*. Para lograr efectos de esta índole el tema brinda ocasiones muy propicias, por contraerse aquél a una guerra, y, precisamente, a una guerra popular que tuvo, sin duda, sus héroes y capitanes, sus proezas de tipo personal, sus notas individuales de bravura o abnegación; pero que tomó aliento y fuerza del espíritu del pueblo, movido por anhelos colectivos, de raíz en el subsuelo de la Historia nacional. No carecían de ideales los soldados del Ejército liberal; pero si se tiene en cuenta que servían a la legalidad entonces vigente y que frente a esas tropas regulares se alineaba el voluntariado tradicionalista que una vehemente sed de aventura, entre otras fuerzas románticas, había reclutado, se acabará por comprender que este último bando era el que necesariamente había de mostrarse con superioridad de interés a los ojos de Valle-Inclán. Como un *Cruzado* más de la *Causa* contempla Valle-Inclán los épicos sucesos que narra y reconstruye con libertad de artista y respeto a la Historia. No puede por menos de sentir el horror de la guerra; pero esta humana reacción no le hace volver en instante alguno los ojos a la España constitucional. En esos trances, su mirada se alza por encima de todos los combatientes al dictado de un hondo sentido de la fraternidad cristiana. Como en aquel episodio de *Gerifaltes de antaño*, en que dialogan un caballero y un pastor, diciendo éste a aquél: "Algún día pudo ocurrir que nos hallásemos frente a frente en una trinchera para matarnos... Pero ahora, ya por nada de este mundo me determinaría a causarte mal. ¿Y tú a mí, compañerito?" Sigue el texto: "Los verdes ojos de Agila éran dos piedras verdes de una dureza cruel: ¿Yo a ti?..." Pero los ojos del pastor estaban llenos de luz, y Agila sintió una emoción extraña. Había querido replicar con perfidia y le quebraba la voz aquella emoción que le invadía. Balbuceó apenas: "Tampoco yo a ti, compañero." Se le humedecieron los párpados hasta cegar en gran resplandor, como si volasen sobre ellos las tórtolas de luz que temblaban en los mecheros del velón. Murmuró en voz muy baja: "¿Por qué no temes, hombre de Dios? Hombre de Dios soy... Es la verdad del mundo que todos los somos."

Aunque local y de reducidas dimensiones, la guerra carlista obedeció a un sino histórico de evidente trascendencia nacional, y no habría de ser Valle-Inclán quien se redujera a ver en aquélla no más que un pleito dinástico. La realidad de los hechos acusaba una clave mucho menos sencilla, por afectar a la contraposición de dos modos de sentir a España. En otro sentido, y por lo que respecta a la técnica novelística, Valle-Inclán prefiere desmenuzar en episodios y aspectos parciales la vasta materia. En definitiva, la Historia autoriza el procedimiento, ya que se trató verdaderamente de una guerra de guerrillas. El registro de un convento, un alijo de armas, la muerte de un marinero desertor, en *Los cruzados de la Causa;* las aventuras de Roquito, antiguo sacristán de monjas; el encuentro de una columna del Ejército liberal con la partida del cabecilla Miquelo Egozcué, en *El resplandor de la hoguera;* la partida del cura Santa Cruz vista por dentro; el doble fuego de que es víctima, por el lado del enemigo, naturalmente, y por el lado del propio carlismo, también en *Gerifaltes de antaño,* son motivos a los que Valle-Inclán comunica una gran plasticidad, renunciando de antemano, desde luego, a unificarlos mediante el hilo conductor de un argumento, cual la consabida persecución de la mujer amada por el galán, que se encuentra siempre en donde se fraguan los grandes sucesos: recurso narrativo que es clásico de las novelas históricas. Valle-Inclán prefiere lo más difícil y lo más real: reflejar la vida de la contienda en lances, trances y percances que se producen—tuviéranlo o no— sin un plan de composición más o menos rigurosa. La guerra, para el que la vive desde abajo, es así, como la vida misma después de todo: fragmentaria, desconcertada, ocasional.

Muchas cosas—no todas perceptibles—luchan efectivamente en la fatal coyuntura de la guerra carlista: campo y ciudad, ley y fuero, razón y fe, tradición y progreso... Concretando más: luchan la aristocracia provinciana y el pueblo de determinadas comarcas contra la mesocracia enriquecida por la Desamortización o simplemente ganada por el espíritu liberal del tiempo. A los ojos de Valle-Inclán, las tropas regulares, esto es, las del Estado constituído, reclutadas por la ley, desfilan en un determinado momento de *El resplandor de la hoguera,* fríamente, de esta suerte: "Aquellos rapacines aldeanos, vestidos con capotes azules y pantalones rojos, que un destino cruel y humilde robaba a las feligresías llenas de paz y de candor antiguo, iban a la guerra por servidumbre, como podían ir a segar espigas en el campo del rico..." Es en el otro lado donde las fuerzas de la Historia ejercen su prerrogativa, y el mismo impulso milenario que hace saltar sobre una hoguera a dos "versolaris", mientras entonan cantos de un rito inmemorial, empuja a los cruzados de Don Carlos, hijos del pueblo, al combate; Valle-Inclán los pinta en la hueste que sigue, enardecida, al cura Santa Cruz, en *Gerifaltes de antaño:* "Llevaba consigo—dicho guerrillero—cerca de mil hombres, vendimiadores y pastores, leñadores que van pregonando por los caminos y serradores que trabajan en la orilla de los ríos; carboneros que encienden hogueras en los montes y alfareros que cuecen teja en los pinares, gente sencilla y fiera, como una tribu primitiva, cruel con los enemigos y devota del jefe..."

Síntesis natural de caracteres populares, no un héroe de excepción, es el cura Santa Cruz, y en la vivisección de este personaje consigue Valle-Inclán un triunfo extraordinario de poeta y animador, porque no ennoblece el tipo del feroz guerrillero, que falsearía si le negase fanatismo y crueldad, sino descubriendo en él la razón de sus actos y sentimientos. Con atención superior a la prestada en otras ocasiones, a la intimidad de sus criaturas, Valle-Inclán revela el mecanismo del cura Santa Cruz en distintos pasajes, y nunca falta a la observación certera la belleza y propiedad de la expresión: "Era su pensamiento constante el de la guerra. Sentía a su paso nacer el amor y el odio; pero se miraba en el abismo del alma y veía todas sus acciones iguales, eslabones de una misma cadena. Lo que a unos encendía en el amor, a los otros los encendía en el odio, y el cabecilla pasaba entre el incendio y el saqueo, anhelando el amanecer de paz para aquellas aldeas húmedas y verdes, que regulaban su vida por la voz de las campanas, al ir al campo, al yantar, al cubrir el fuego de ceniza y llevar a los pesebres el recado de yerba. Era su crueldad como la del viñador, que enciende hogueras entre las plagas de su viña. Miraba subir el humo como en un sacrificio, con la serena esperanza de hacer la vendimia en un día del Señor, bajo el oro del sol y la voz de aquellas campanas de cobre antiguo, bien tañidas." Y en otro lugar: "Hacía la guerra a sangre y fuego, con el bello sentimiento de su idea y el odio del enemigo. La guerra que hacen los pueblos cuando el labrador deja su siembra y su hato el pastor. La guerra santa, que está por cima de la ambición de los reyes, del arte militar y de los grandes capitanes... Era toda la sangre de la raza, llenando el cáliz de aquel cabecilla tonsurado. Y en medio de la marcha, de tiempo en tiempo, se detenía y rogaba de quedo con la fe ardiente de un guerrero antiguo: "¡Señor, líbrame de enemigos!" He aquí otro pasaje significativo: "Muchas veces, al cruzar ante los prisioneros vendados y pegados a una tapia, los miraba a hurto y pensaba, como si les pagase un tributo: "También yo caeré algún día con cuatro balas en el pecho." Y si había inquietud en su conciencia, con aquel pensamiento la soterraba."

Distinguen a las novelas de *La guerra carlista* un orden en la composición, una armonía, un equilibrio, una especie de pasión por la verdad, que bien pueden ser calificadas de clásicas, y desde este punto de vista se las podría enlazar con los mejores textos de los cronistas de Indias y de los historiadores de sucesos particulares, si, además de un relato de cosas acaecidas, no fuesen una versión expresamente literaria y poética. Estos resultados se deben, en gran parte, a la sinceridad que probablemente no puso Valle-Inclán en ninguna de sus obras anteriores, tanto como en éstas de *La guerra carlista*. El tema le era predilecto en grado eminente, por absorber muchas de sus preocupaciones de hombre y de escritor. Para tratar aquél ampliamente llevaba Valle-Inclán la ventaja de sentirlo mucho más en su alma que los novelistas que anteriormente lo habían desenvuelto también. *Paz en la guerra,* de Unamuno, es la proyección de la guerra civil sobre una conciencia que apunta: un ensayo novelado de psicología individual. De carácter propiamente épico son, por el contrario, aquellos de los *Episodios nacionales,* en que Pérez Galdós se encara con cristinos o isabelinos y carlistas; pero le sobra escepticismo, aunque no le falte—¿cómo había de faltarle?—vigor y animación de pluma. Pío Baroja, al fijar en las guerras civiles su atención de explorador del siglo XIX, según la refleja en determinados volúmenes de las *Memorias de un hombre de acción,* no parece que le interese hacer otra cosa sino novelas de intriga y aventuras. No digamos nada de los novelistas extranjeros, como Benoit o Conrad, que mal podían internarse en tema tan ajeno a su clima moral e histórico.

Hubo de resignarse Valle-Inclán a evocar la guerra carlista, ya que no había podido vivirla. Pero no dejó de intervenir en alguna de las conspiraciones que se tramaron en estos primeros años del siglo xx, reclamando para sí la dirección de las proyectadas operaciones en la provincia de Toledo, que decía conocer palmo a palmo. Pero el plan no fué nunca más allá de la conversación: todos los proyectos solían caer, literalmente hablando, al primer soplo, por cuanto alguien "soplaba" a gobernadores o a policías la existencia, en éste o aquel escondite, de las armas y boinas aprestadas para el día en que los comprometidos se echasen al campo. A falta de luchas—que no granaban—con las armas en la mano, Valle-Inclán tenía que aceptar la única forma de acción que le era dada: en los comicios electorales, y se presentó candidato a diputado por Monforte de Lemus en las elecciones generales de 1910. Pero tampoco en esto pudo pasar del conato. Sin embargo, se consideró ligado a la minoría tradicionalista y con ella se sentó a la mesa de honor en el banquete con que fueron obsequiados, en el Frontón Jai-Alai, el 8 de enero de 1911, los parlamentarios carlistas e integristas que combatieron la Ley llamada del "Candado". Las fotografías del acto nos presentan a Valle-Inclán en la presidencia, con el Marqués de Cerralbo, Vázquez de Mella, D. Bartolomé Feliú, Sánchez Marco, Díaz-Aguado Sallaberry, Bofarull...

Ya había muerto Don Carlos, y Don Jaime, su hijo, había

aceptado la representación de sus presuntos derechos a la Corona de España con ánimo, en verdad, muy frío. Pero Valle-Inclán conservaba todavía su temperatura de afiliado a la "Comunión católico-monárquica", y en una interviú que *El Correo Español* divulga, nuestro hombre subraya el valor como "protesta viva del jaimismo", apto para defender con las armas en la mano "los derechos de las personas honradas", y se lamenta de que al obrero "le hayan hecho perder la esperanza de algo que estaba sobre él", a la vez que pondera la caridad "como bálsamo que cicatrice heridas abiertas" (1).

La literatura le brinda a Valle-Inclán positivas satisfacciones. Sus libros le granjean críticas encomiásticas en todos los periódicos, con *El Imparcial* a la cabeza, donde Gómez de Baquero define. El público responde: *Corte de amor* alcanza la cuarta edición. Las *Sonatas,* la tercera. *Flor de santidad,* la segunda... De carne y hueso es la obra que le sonríe en casa a Valle-Inclán: su primer hijo, la niña Conchita: María de la Concepción, Luisa, Margarita, Carlota. Con estos últimos nombres Valle-Inclán rinde tributo a la onomástica de la dinastía carlista, que asimismo tiene presente al bautizar sucesivamente a los demás hijos: Joaquín María, Carlos Luis, María de la Encaración Beatriz, Jaime Clemente y María Ana Antonia (2).

---

(1) Interviú, en *El Correo Español,* de Madrid—4 de noviembre de 1911—, con el redactor de dicho diario Gregorio Campos.

(2) Valle-Inclán dió también a todos sus hijos el nombre de Baltasar, con el deseo de ponerlos bajo el patrocinio de los Reyes Magos, a quienes se atribuye tradicionalmente la virtud de librar de la alferecía a los que lleven el nombre de alguno de ellos.

## 14

## VIDA EN EL TEATRO

En la temporada de 1909 a 1910, Valle-Inclán frecuenta de nuevo los teatros. Josefina Blanco ha vuelto a la escena, y, formando parte de la compañía de Francisco García Ortega, actúa en provincias. Y en Madrid estrena Valle-Inclán dos obras: una, *La cabeza del dragón,* el 5 de marzo; otra, a los pocos días, el 19, *Cuento de abril.* Ambas en el teatro de la Comedia, pero por distinto elenco.

Benavente había fundado el Teatro de los Niños, con Fernando Porredón de primer actor y la colaboración literaria de varios autores. Se estableció el Teatro de los Niños en el Príncipe Alfonso, situado en la calle de Génova, de donde se trasladó semanas después a la Comedia. En esta segunda etapa fué dada a conocer *La cabeza del dragón,* calificada por su autor de "farsa infantil"; pero el término último se justifica mucho menos que el primero, porque la verdad es que las personas mayores pueden beneficiarse del interés escénico de la obra en grado superior al de la gente menuda. No es únicamente que algunas intencionadas alusiones de Valle-Inclán, de carácter estético o social, queden fuera de la comprensión del público infantil, al que, en principio, brindara su obra. Es que en *La cabeza del dragón* se advierte un prurito de infantilización que, menos que a nadie, puede convencer a los mismos niños. Se infantilizan personajes y situaciones, y bien se ve que las andanzas de los príncipes del cuento escénico y las pueriles fantasías obedecen a inspiraciones de contrahecha ingenuidad. En el ámbito de la farsa reconocen su eco voces nada inocentes del mundo de los libros. Claro es que la dificultad insuperable del género estriba en que un autor de cuentos para niños disimule, haciendo literatura, que es literato en efecto. La dificultad está viva en *La cabeza del dragón*. La infantina, el bufón, el dragón, el chambelán, el azor, el lebrel, los "cisnes unánimes" de alguna acotación, ¿cómo no han de despertar en nuestro oído determinadas resonancias del estilo y de la manera modernistas, y en concreto, de ciertos versos de Rubén Darío? La historieta de encantamiento y de amor se condensa en el estribillo que pone fin a la escena cuarta, y su inspiración debe mucho al lema heráldico de un linaje montañés que Valle-Inclán indudablemente conocía, aficionado como era a la lectura de Nobiliarios: "Velarde, que a la sierpe mató, con la infanta se casó." Sólo que el dragón es la variante que en el asunto introduce el autor. Los extremos se tocan en el arte de Valle-Inclán por lo común, y en *La cabeza del dragón* alterna la picaresca con la caballería, siendo de notar que la escena segunda sitúa su acción en "una venta clásica en la encrucijada de dos malos caminos", y que aparece, entre otros personajes de libresca reminiscencia, un cierto compadre Zacarías—"antiparras negras, capa remendada y, bajo el brazo, gacetas y romances"—, que con uno u otro nombre volverá a intervenir en nuevas farsas del autor. De todos modos, *La cabeza del dragón* interesa en cuanto confirma la idea plástica que guía a Valle-Inclán cuando hace teatro o compone obras de cualquier otra naturaleza, si es verdad, como dice Pérez de Ayala (1), que la obra de nuestro autor está concebida *sub specie theatri*. Farsa infantil o no, lozana o reseca, *La cabeza del dragón* es un espectáculo con gracias de posible ópera cómica o *ballet*.

El gusto modernista que provee a *La cabeza del dragón* de gran parte de sus ingredientes literarios facilita otros de análoga clase, y, en mayor número aún, a *Cuento de abril*, lo que el propio Valle-Inclán no pudo por menos de reconocer en más de una ocasión, al afirmar que esta obra arrastra lo que Rubén Darío había llamado, hablando familiarmente en tesis general, "la *pendejada* de la época...". No se olvide que muchos de los tópicos y reóforos del modernismo debían su existencia a Valle-Inclán, quien contribuyó decisivamente a poner de moda un vocabulario característico y un afín repertorio de imágenes; pero tales fórmulas de expresión se vuelven contra él paradójicamente, como si se tratase de recursos o fórmulas al alcance de cualquier escritor de la épo-

_____

(1) "Valle-Inclán, dramaturgo", por R. Pérez de Ayala. Artículo publicado en *La Pluma*, número citado.

ca, cuando, en realidad, se trata de una aportación suya: el lugar común había sido creado por él, si bien no de un modo exclusivo. De todas maneras, las artificiosas decantaciones del amor al estilo del "gay saber", que informan *Cuento de abril* acusan el don verbal que en Valle-Inclán nunca falla. Pero los personajes hablan por hablar, sin que la acción que pudiera exigirse, dado el carácter de la obra, se logre teatralmente y sin que el verso compense en todo instante la falta de interés, así como tampoco arrastra sugestión notable el aire de los Cancioneros y de los conceptos amorosos del petrarquismo que el autor ha pretendido probablemente captar. "Escenas rimadas de una manera extravagante", dice Valle-Inclán que es su obra. Pero más que el calificativo de extravagante corresponde a la versificación el de desigual, por la variedad de metros y por unos resultados que si a ratos nos divierten con su primor formal, otras veces caen en pretenciosa trivialidad.

> Cuento de abril en donde canta
> el ruiseñor primaveral,
> y un aire galán se levanta
> meciendo las rosas del rosal.
> ... ... ... ... ... ... ... ... ... ... ... ...
> Cuento de amable devaneo,
> que tiene perfume de flor,
> cuento que es como el torneo
> de una princesa y un trovador...

La alquitara en que "el trovero" Pedro de Vidal destila sus razones de amor nos resulta un tanto averiada, y es en el contraste de la Princesa de Imberal con otra figura de varón,

el Infante de Castilla, donde el autor obtiene mayor plasticidad y mejor expresión poética, si no con hondura, con gentileza al menos. Esa gentileza de palabra que hallamos también
en las adivinanzas de la escena última:

> ¿Cuál es el avecica que no vuela,
> y tiene rayos como un lucero,
> y va posada en el pie del caballero,
> y aunque posa, no reposa?
> ... ... ... ... ... ... ... ... ... ... ...
> ¿Y el avecica temblorosa
> que cuando no tiembla, fina,
> y oye el pie que no camina,
> y el deshojar de la rosa,
> y la hora misteriosa
> que no tiene son?...

A despecho de cuanto se le pueda objetar, es innegable que
*Cuento de abril* 'fija un canon de teatro poético que en su
época significó una estimable novedad, puesto que libraba a
la inspiración de la tutela ejercida por el asunto, que solían
tomar de la Historia los autores formados en la tradición inmediatamente anterior del teatro romántico, desde García
Gutiérrez a Echegaray, con mucho sonar de redondillas.

*Cuento de abril* se estrenó en la fecha ya citada, con ocasión de celebrar su beneficio Matilde Moreno, componiendo
el programa, además de la obra de Valle-Inclán, *La escuela
de las princesas,* de Jacinto Benavente, y el paso de los hermanos Alvarez Quintero *El último capítulo. Cuento de abril*
gustó a los literatos más que al público propiamente dicho, y
uno de sus intérpretes, Juan Bonafé—actor de talento, extraviado luego por el astracán—, dejó en Valle-Inclán un

buen recuerdo, difícil de igualar por otro cualquiera actor, dado el exigente gusto de nuestro hombre, sobre todo cuando enjuiciaba cómicos que hacían obras suyas. Mantuvo Valle-Inclán su mayor intimidad en esta época con María Guerrero y Fernando Díaz de Mendoza, a quienes acompañó en una jira artística por América del Sur. Se incorporó a ellos en Buenos Aires, donde actuaba Josefina Blanco con la compañía de García Ortega. Valle-Inclán no había querido separarse de su mujer y la siguió en su viaje. Por cierto, que García Ortega y su formación hicieron un alto en Canarias para dar algunas funciones, y una noche de la breve temporada cumplida en Las Palmas, sobrevino un incidente que no sorprendió demasiado, pero que resultó ruidoso, porque Valle-Inclán se negó a que Josefina tomara parte, como los carteles anunciaban, en la representación de *El gran Galeoto,* hasta el punto de encerrarla en el cuarto del hotel bajo llave. La función tuvo que ser suspendida en medio de gran escándalo. El resto se habló en la Delegación de Policía. Llevaba algún tiempo en Buenos Aires el matrimonio Valle-Inclán cuando llegó la compañía Guerrero-Mendoza, a la que pasó Josefina con un buen contrato.

De mayo a noviembre de 1910 duró la excursión por América del Sur de María Guerrero y Fernando Díaz de Mendoza, que al frente de su compañía actuaron sucesivamente en los primeros teatros de la República Argentina, Chile, Paraguay, Uruguay y Bolivia. Valle-Inclán dió algunas conferencias en las capitales que visitaba y fué objeto de diversos agasajos, señaladamente en Buenos Aires, donde la revista *Nosotros,* la Colonia Gallega y el Círculo Tradicionalista le dedicaron sendos banquetes. Pero Buenos Aires gustó muy poco a Valle-Inclán: "Es una población fenicia", dijo luego muchas veces, y también: "Una *demimondaine* con ojos de piel roja." La pampa le pareció angustiosamente triste. Por el contrario, halló en Chile y Paraguay salud y fuerza, tradición y carácter. De regreso en España continuó viajando con la compañía Guerrero-Mendoza, y estuvo en Valencia, Barcelona, Zaragoza, Pamplona, San Sebastián y Bilbao. Sólo se apeó del carro de la Farándula para hacer de vez en cuando escapadas a Madrid y para procurarse unos días de descanso en Reparacea, rincón del Valle del Baztán muy de su agrado. Buscó en esta excursión nuevos contactos con los elementos tradicionalistas, que le acogían con la cordialidad de siempre, correspondiendo a este tiempo la relativa actividad política de Valle-Inclán a que nos referimos en el capítulo anterior. Los carlistas y, en general, las derechas se muestran orgullosos de un afiliado como Valle-Inclán, y le dan ocasión a que ratifique sus principios mediante intervievs en sus periódicos, como aquella de *El Correo Español,* antes aludida, o esta otra de *El Debate.* Quien le interroga a nombre de este último periódico es Luis Antón del Olmet, y a sus preguntas da, *verbi gratia,* respuestas como las siguientes: "En Paraguay ha dejado huella imperativa el preclaro imperio jesuítico, honra del mundo." "En Buenos Aires, y sobre todo en Chile, hay una recia colonia navarra, amante de Dios..." No olvidemos que son los días de *La guerra carlista,* en curso de publicación, y de *Voces de gesta,* que prepara y anuncia al periodista: "Será un libro de leyendas, de tradiciones, a la manera de *Cuento de abril;* pero más fuerte, más importante. Recogeré la voz de todo un pueblo. Sólo son grandes los libros que recogen voces amplias, plebeyas. *La Ilíada,* los dramas de Shakespeare..."

En efecto, Valle-Inclán, yendo y viniendo, no ha dejado de escribir, sobre todo teatro, ya que dentro del teatro vive. A más de *Voces de gesta,* compone *La Marquesa Rosalinda* y *El embrujado. Voces de gesta* se estrena en Valencia, y algo después—26 de mayo de 1912—en el teatro de la Princesa, de Madrid. Don Alfonso XIII asiste al estreno, y temeroso quizá de que Valle-Inclán le desaire, no le llama a su palco, como acostumbraba a hacer con todos los autores. Pero la Infanta Isabel, a la noche siguiente, asomándose a un ventanillo que comunicaba el antepalco regio con el escenario, le grita a María Guerrero de modo que todos pudieran oírla: "He venido a ver esto porque el Rey me ha dicho que es precioso..." Llamó en el segundo entreacto al representante de la Empresa, Santana, a fin de que mediase para que Valle-Inclán aceptara su felicitación: "Dígale que yo soy Infanta de España y Princesa de Borbón, lo mismo con Don Carlos que con Don Alfonso..." Valle-Inclán subió al palco, y luego se hizo lenguas de la simpatía, típicamente madrileña, de Doña Isabel. Algunos días más tarde, era el Infante Don Carlos quien, lamentándose de llegar un poco tarde a la representación, confirmó la referencia elogiosa que de la obra venía haciendo el

Rey: "Me ha dicho que de *Voces de gesta* no se puede perder ni una escena."

*Voces de gesta*—"tragedia pastoril en tres jornadas"— es un canto apasionado y vehemente a la tradición; numen que conduce e inflama la acción, dando calor al conjunto y hasta personificándose en la pastora Ginebra, que es la razón de la obra. Ginebra, alma y brazo de un pueblo ultrajado, como ella, en despiadada guerra de conquista, vengará a todos y a su Rey Arquino—Carlino, en posterior versión—, Rey de ensueño, de romance y de balada, que el dolor sublima en muchos años de terrible éxodo. Ginebra queda ciega en la lucha; pero luces interiores de fe y de sacrificio la iluminan hasta el fin, en que hace entrega a su Rey de la calavera que atestigua su venganza implacable. El Rey, transfigurado en símbolo de un pueblo inocente y heroico, reza su oración:

> La ofrenda del odio quede sepultada
> junto al viejo roble de la Tradición.
> ¡Y pudiera el ánima, al ser libertada,
> vagar en su sombra y oír su canción!
> Resuena el rumor de la Historia
> bajo esta bóveda sagrada...

La historia, sí, levanta fuertes resonancias en el ámbito de *Voces de gesta;* una historia bárbara, de pasiones primitivas, ya que tan primitiva es la fiereza como la lealtad. El acento épico-dramático supera en robustez al de las *Comedias bárbaras,* y si se perciben ecos literarios diversos—desde el Antiguo Testamento hasta D'Annunzio—en la voz comunicada por el autor a sus criaturas, no regateemos por eso valor personal a la inspiración de Valle-Inclán, porque éste conocía muchas cosas intuitivamente, y no por estudio interesado, a tono con su gusto y temperamento. Originalmente pretendía hallar Valle-Inclán el camino de la tragedia buscándolo en tierra fragosa e imponente, que participa, con sus hoces y hayedos, del paisaje castellano—pues hay una Castilla así—y del navarro pirenaico. La tragedia no se logra, pero el tanteo es interesante, y relacionado con *Cuento de abril* hace ver una valerosa opción a la poesía dramática, en tomo mayor o menor, según los asuntos, pero, en cualquier supuesto, capaz de marcar alturas superiores, por un lado, a la comedia de conversación y, por otro, al teatro histórico en verso.

El mismo año de 1912 estrenaron María Guerrero y Fernando Díaz de Mendoza, también en su teatro madrileño de la Princesa, *La Marquesa Rosalinda,* "farsa sentimental y grotesca", que Valle-Inclán había escrito en su breve temporada de Reparacea. El verso que en *Voces de gesta* se había hecho solemne y de grave elocuencia, vuelve a las gracias y caprichos de *Cuento de abril.* Apuntan con profusión en *La Marquesa Rosalinda* temas coreográficos y plásticos que el verso anima con desenfadado pirueteo de rimas y de ritmos. Valle-Inclán confiesa su propósito en el "Preludio" y declara que para contar "el secreto de la Marquesa Rosalinda" ha tenido que vestirse de payaso:

> Mezcle sus risas Colombina
> a los sollozos de Pierrot;
> en una farsa peregrina,
> con un compás de Adriana Angot
> ... ... ... ... ... ... ... ... ... ... ...

> Enlazaré las rosas frescas
> con que se viste el *vaudeville,*
> y las rimas funambulescas
> a la manera de Banville...

Vivo contraste con los floridos y aéreos tonos del juguete que es *La Marquesa Rosalinda,* establece *El embrujado,* otra tentativa de tragedia—"tragedia de tierra de Salnés"—, pero en prosa. Ningún escenario dió acogida a la obra, ya que a su posible estreno en la Princesa antecedió la ruptura del autor con los Guerrero-Mendoza, y sometido el original al juicio de la dirección artística del Español—desempeñada por D. Benito Pérez Galdós—, *El embrujado* no fué admitido. Contra Galdós, contra la primera actriz Matilde Moreno y contra el primer actor Francisco Fuentes, arremetió Valle-Inclán en el escrito de protesta que hubo de dirigir al Ayuntamiento de Madrid, y en las palabras que sirvieron de introducción a la lectura dada de la obra por su autor en el Ateneo—26 de febrero de 1913—, con desenlace tumultuario. "Esos de la tos ferina, que se callen", exclamó Valle- Inclán, encarándose con el público, que, en general, le era hostil. Airados gritos le replicaron en escaños y tribunas: "¡Fuera! ¡Fuera! ¡A la calle!" Pero Valle-Inclán, impávido, continuó la lectura hasta terminarla. Dieciocho años tuvieron que pasar para que la tramoya prestase realidad a las promesas escénicas del tema de hechicería desenvuelto por *El embrujado,* en atmósfera de insistido valle-inclanismo: campo galaico y caserón solariego, aullar de perros y ulular de vientos desencadenados por rudas pasiones elementales, superstición y misterio en *cliché* bastante usado.

La ruptura de Valle-Inclán con María Guerrero y Fernando Díaz de Mendoza se produjo en junio de 1912. Actuaba la compañía en Pamplona, y no obstante la expectación que el anunciado estreno de *Voces de gesta* despertaba—y quizá por eso mismo—, la obra no fué puesta en escena. Conviene advertir que Fernando Díaz de Mendoza se sentía herido por algún comentario de Valle-Inclán sobre su interpretación del rey Carlino. En Barcelona, adonde la compañía se había trasladado una vez conclusa la temporada de Madrid, se pensó ya en dejar fuera de los programas del abono a *Voces de gesta,* so pretexto de que los requetés tradicionalistas se proponían hacer del éxito—que se daba por descontado—motivo de propaganda y alarde político. Pero Valle-Inclán obtuvo del Gobernador civil y del Jefe Superior de Policía toda clase de seguridades, y la obra, al fin, fué ofrecida al público barcelonés, que la acogió con ciamoroso entusiasmo. Gran parte de la crítica no elogió a Díaz de Mendoza en los términos que él, por lo visto, apetecía, y días después llegó a Pamplona el gran actor—de mérito más positivo, realmente, en la comedia que en el drama—con el acuerdo de no representar *Voces de gesta.* Lo advirtió Valle-Inclán, también en Pamplona ya, precisamente un día en que marchaba de excursión al Pirineo. Reunido con los amigos que habían de acompañarle en la plaza del Castillo, vió venir al representante de la Empresa, Santana, y se fué hacia él en solicitud de las oportunas explicaciones, exigiéndolas con tanto apremio y aire marcial, que la intervención de los presentes no fué bastante a impedir una violenta descarga de improperios.

Emprendió acto continuo la excursión proyectada, llegando hasta el Santuario de San Miguel in Excelsis, en Roncesvalles. La grandiosidad del desfiladero del Irati deparó a Valle-Inclán, una vez más, la emoción que siempre gustaba de recordar como la más profunda del paisaje español, y en la vasta selva escuchó rumores de naturaleza e historia que le hicieron sentir de nuevo el soplo vitalizador de sus *Voces de gesta*. A su regreso, leyó la obra en un acto de desagravio que hubo de organizarle "Garcilaso"—Raimundo García—, prestigioso periodista local, en el teatro Gayarre, y marchó después con la compañía a San Sebastián, sin consumarse aún el disgusto. Pero otro choque—ahora con el actor Allen-Perkins—en el Bulevar, determinó el corte definitivo de relaciones con los Guerrero-Mendoza. Josefina Blanco no pudo por menos de despedirse de la compañía, y bien se puede presumir la contrariedad que a Valle-Inclán le producía, en medio de todo, el desagradable suceso, por repercutir en lo económico y aun en sus planes de autor. Además, Valle-Inclán admiraba en María Guerrero su talento y su especial aptitud para la tragedia, realmente singular. "Tiene capacidad para el grito"—decía. A Díaz de Mendoza le censuraba su facilidad en someterse a los gustos del público. El público: he aquí lo que molestaba de veras a Valle-Inclán en el teatro de la Princesa. Sobre todo el público de los "sábados blancos".

"No sabía a qué atribuir—ironizaba Valle-Inclán a veces—lo bien que se está en Madrid los sábados por la noche. Pero he caído en la cuenta de que eso se debe a que todos los imbéciles están a esa hora en la Princesa. El sábado que viene saldré a escena para cantarle al abono unas cuantas verdades..." No cumplió la bravata, y un sábado en que se representaba *La Marquesa Rosalinda*—causa de una discusión anteriormente sostenida sobre la conveniencia de suprimir algún pasaje—, Valle-Inclán escuchó grandes aplausos. Del texto no se había mutilado nada, y el público mostró su complacencia por todo. "Y ahora, ¿qué me dice usted?—dijo la Guerrero—. Habrá usted visto que nuestro público no es tan estúpido como cree." A lo que Valle-Inclán repuso, firme en sus trece: "Como que han reforzado ustedes la *claque*..."

La edición en libro de *Voces de gesta* mereció a Valle-Inclán redobladas atenciones. Quiso hacer de aquélla una obra de arte y contribuyó a los mil y un detalles del trabajo que realizaba la Imprenta Alemana, con su afición y gusto, secundado por los artistas del Nuevo Levante en el núcleo que le era más afecto, según se enumeran, latinizados, en el propio volúmen: "Richardus Baroia, Angelus Vivanco, Raphael Penagos, Joseph Moia, Anselmus Michaelis, Aurelius Arteta, Julius Romero ornaverunt"; colaboración artística muy a tono con el carácter de *Voces de gesta,* cuya estética—que era la del grupo—aparece por esta vez aplicada a las Artes del libro. Realzó además la edición de *Voces de gesta* un poema de Rubén Darío, que, por tercera vez, ofrece a Valle-Inclán una composición suya. La de ahora encabeza *Voces de gesta* con este epígrafe: "Balada laudatoria que envía al autor el alto poeta Rubén". Y empieza:

> Del país del sueño, tinieblas, brillos,
> donde crecen plantas, flores extrañas,

entre los escombros de los castillos,
junto a las laderas de las montañas,
donde los pastores en sus cabañas
rezan, cuando al fuego dormita el can,
y donde las sombras antiguas van,
por cuevas de lobos y de raposas,
ha traído cosas muy misteriosas
don Ramón María del Valle-Inclán...

El gusto de Valle-Inclán por la presentación artística de sus libros, dentro de obligadas limitaciones, se consolida en el tipo a que sucesivamente se fueron ajustando los tomos de la serie de *Obras completas,* que inicia en 1913, bajo el patrocinio editorial de la Sociedad General Española de Librería, con la que llega a un acuerdo en virtud de la necesidad de tantear por nuevos caminos la expansión de sus libros pasados y futuros. La colección empieza por los volúmenes III y IV, *La Marquesa Rosalinda* y *El embrujado,* respectivamente, que aparecen en aquel mismo año, quedando reservado el primer tomo a una obra que entonces sólo estaba imaginada, *La lámpara maravillosa,* y el segundo a la reimpresión de *Flor de santidad.* Los restantes habrían de ser los siguientes: V, *Sonata de Primavera;* VI, *Sonata de Estío;* VII, *Sonata de Otoño;* VIII, *Sonata de Invierno;* IX, *Aromas de leyenda;* X, *La cabeza del dragón;* XI, *Corte de amor;* XII, *Jardín umbrío;* XIII, *Cara de plata;* XIV, *Aguila de Blasón;* XV, *Romance de lobos* (1). No incluyó el autor

---

(1) Véase "Bibliografía de Valle-Inclán", por J. García Mercadal, artículo publicado en *El Sol,* 7 de enero de 1936. "Ramón del Valle-Inclán: bibliografía", por Sidonia P. Rosenbaum y Juan Guerrero Ruiz, publicada en *Revista Hispánica Moderna;* Nueva York; tomo II, núm. 4 (1936).

algunos de sus libros anteriores ni otros que venía anunciando y que, al menos bajo los títulos prometidos, no llegó a publicar: *Las banderas del rey, La guerra en las montañas, Hernán Cortés...*

En general, este plan primitivo sufrió modificaciones varias respecto al orden, títulos y agrupación de textos, aparte la adición de obras ulteriores; pero en todos los tomos se mantuvo la ornamentación realizada por José Moya del Pino: en la portada, título de la obra, número del volumen —en cifra romana—y leyenda *Opera omnia* sobre un fondo de follaje y frutas. En la contraportada, un *Laus Deo* y la tasa en rojo: "Coste: diez y seis reales vellón"; dentro, gran lujo de letras capitulares, orlas y viñetas. ¡Ah! Y un colofón muy circunstanciado.

## 15

## RETORNO A GALICIA

L A edición de las *Obras completas* fué uno de los medios a que recurrió Valle-Inclán para salir de las graves dificultades en que le hizo caer su rompimiento con los Guerrero-Mendoza. No era sólo que su economía experimentase la pérdida de un ingreso fundamental. Era, además, que ¿dónde había de encontrar el teatro de Valle-Inclán, para ser representado, elementos más propicios que en la primera compañía de España?... Antes de que la situación se hiciera angustiosa del todo, importaba a Valle-Inclán prevenir remedios, y ninguno tan a fondo como un traslado de residencia. En Galicia podría vivir mucho más barato, y, a salvo del desgaste que Madrid implica con el vertiginoso correr de las horas, podría también trabajar en mejores condiciones de aislamiento y reposo. Y a Galicia volvió. Le llamaba desde la tierra natal, por otra parte, el recuerdo vivo de su casta, siquiera no se personalizara ya en familia inmediata, porque

D.ª Dolores Peña y Montenegro—madre de Valle-Inclán— había muerto en 1911, y sus hermanos dispersados andaban, por su vario destino. Pero dondequiera le saldría al paso el fantasma de su propia niñez y adolescencia. ¡Si él pudiera abandonarse de buen grado al halago de su tierra, que le envolvía con abrazos de bruma y mimos de húmedo verdor!... Pero funcionaba en Valle-Inclán un resorte vital que le mantenía erguido y en guardia contra cualquier posibilidad de renuncia.

El retorno de Valle-Inclán a Galicia apenas si es otra cosa, por lo pronto, que un ensayo de cambio de vida. Para hacerlo menos duro, resuelve no despegar de Madrid por completo y alternar las temporadas en el campo y en la corte, con el propósito de ir haciendo más breves cada vez las estancias en Madrid. Ello es que hacia el otoño de 1912 se establece en Cambados y que en la primavera siguiente vuelve a pasear por la calle de Alcalá. Reaparece en el Nuevo Café de Levante, se incorpora a otras tertulias literarias. Con Ramón Pérez de Ayala, Julio Romero de Torres y Sebastián Miranda suele Valle-Inclán reunirse por las tardes en Fornos. Un día entra en el café Juan Belmonte, novillero de sensacional presentación—26 de marzo de 1913—en la plaza de Madrid. A Sebastián Miranda se le ocurre tomarle un apunte; Belmonte nota que ha servido de modelo y solicita el favor de ver el dibujo. De este ocasional diálogo nace una amistad que se hace íntima y se extiende a todo el grupo. Belmonte admira a Valle-Inclán sin saber por qué; la literatura le inspira una supersticiosa curiosidad y, desde luego, la palabra del escritor es cohetería que le deslumbra. Valle-Inclán, por su parte, en cuanto ve torear a Belmonte percibe algo que le revela un secreto, común a la tauromaquia y a la poesía: el poder de transfiguración. Le impresiona sobremanera que aquel muchacho, feo, desgarbado, encogido, al encontrarse con el toro transmute toda su plástica y opere prodigios de gallardía y belleza. Despues de todo, la amistad de escritores y toreros es cosa vieja en España, y si fuese preciso fijar la posible doctrina, Ramón Pérez de Ayala provee a aquella necesidad redactando la convocatoria de un banquete a Juan Belmonte—triunfador en todas las plazas de España—que organiza con Valle-Inclán, Miranda, Romero de Torres y Julio Antonio. La convocatoria, matizada de humorismo, dice así: "Ya que Juan Belmonte se encuentra entre nosotros, hemos juzgado necesario obsequiarle con una comida fraternal en los Jardines del Retiro. Fraternal, porque las Artes todas son hermanas mellizas, de tal manera que capotes, garapuyos, muletas y estoques, cuando los sustentan manos como las de Juan Belmonte y dan forma sensible y depurada a un corazón heroico como el suyo, no son instrumentos de más baja jerarquía estética que plumas, pinceles y buriles, antes los aventajan, porque el género de belleza que crean es sublime por momentánea, y si bien el artista, de cualquier condición que sea, se supone que otorga por entero su vida en la propia obra, sólo el torero hace plena abdicación y holocausto de ella, y en esto pudiera parangonarse con el político perfecto, según apotegma de D. Antonio Maura. Pero, por desgracia, los apotegmas de nuestros políticos nos

173

merecen poco crédito. Consideramos la tauromaquia más noble y deleitable, aunque no menos trágica, que la logomaquia —esto es, política española—, y a Juan Belmonte más digno del aura popular y el lauro de los selectos que la mayor parte de los diestros con alternativa en el Parlamento..." El banquete se celebró—28 de junio —en el Ideal Retiro, no sin que Valle-Inclán armase disputa al encargado del restaurante por si las mesas estaban colocadas en lugar más o menos adecuado.

... Y a Galicia otra vez. No había más remedio. En fin de cuentas, la vida de hidalgo campesino no deja de complacer a Valle-Inclán. Primero en Cambados, luego en La Puebla del Caramiñal. Hay momentos en que Valle-Inclán duda de su vocación literaria. Si creía a ratos que había nacido para militar, ahora está casi seguro de que debió ser labrador; todavía está a tiempo quizá. Unos días escribe mucho, y otros, no escribe nada. En cuanto a leer, no parece que consuma muchas horas a cargo de los libros ajenos. Victoriano García Martí, escritor de muy distinguido espíritu, que pasa los veranos en La Puebla, de donde es natural, visita a Valle-Inclán y le da a conocer el libro en que trabaja—*De la felicidad*—a medida que lo va escribiendo. Valle-Inclán lo enriquece con un prólogo, y gracias a estas páginas podemos reconstruir el paisaje y el estado de ánimo de Valle-Inclán en sus largas jornadas de contemplación extática, de diálogo desinteresado, de crisis moral. Después de aludir a "este mar azul, con delfines, laureles y pámpanos, el mar Tirreno de Arosa", Valle-Inclán escribe: "Las últimas tardes septembrinas, ya otoñales, tardes verlenianas, de una larga y cadenciosa tristeza sensual y mística, mi amigo me leía las páginas de este libro. Los dos, en coloquio cordial al acaso de la lectura, íbamos comentándola. Eramos los dos a solas en el desvanillo donde yo me aislo para fumar la pipa y construir palacios. El desvanillo tiene su ventana, reclusa y pina, sobre un campo ondulado de húmedos verdes, con un término de cimas azules y oscuros pinares muertos. Cuando el sol se pone, la bruma, flechada de soslayo, se vaporiza de luminosos ámbares y el esmalte del campo funde el cristal de sus verdes en una incertidumbre de oro. El paisaje adquiere la ingrávida sensación de una realidad traslúcida. Es un momento de la tarde, de algunas tardes, que se desavenece rápidamente, como la sugestión de un mundo más bello que no hemos sabido aprisionar. Mi amigo leía con blanda cadencia y su voz acentuaba como un anhelo por gozar el momento inverosímil de la tarde, por transcender a vida espiritual el paisaje cristalino colmado de irrealidades y, sin embargo, existente, con una videncia angustiosa y fugaz, imbuída del sentimiento de la muerte..." Luego habla del "místico anhelo por descubrir la estrella guiadora en la noche de tinieblas", de "la pavura galaica de los ojos, que han visto pasar sobre el orballo de los senderos la procesión nocturna de cirios y fantasmas"; del "asombro sollozante de un alma aterida ante la incertidumbre de todos los pasos terrenos y con la sola certeza de la muerte".

Acababa de pasar Valle-Inclán por la prueba de una gran desgracia, causa precisamente de su marcha a La

Puebla desde Cambados, donde la vida se le hacía sentimentalmente imposible. Su segundo hijo—el único varón hasta entonces—, con pocos meses de edad, Joaquín de nombre, en atención al padrino, Argamasilla de la Cerda, fué víctima de trágico accidente. El niño jugaba en la playa cuando una ola se lo llevó para siempre. ¡Triste mar de Cambados, que había comunicado latidos de patética corazonada a la escena tercera de *Romance de lobos!* "El mar, ululante y negro, al estrellarse en las restingas, moja aquellos pies descalzos y mendigos. Las gaviotas revolotean en la playa y su inocente graznar y el lloro de algún niño, que la madre cobija bajo el manto, son voces de susto, que agrandan la voz extraordinaria del viento y del mar..." Valle-Inclán y Josefina sienten en Cambados el horror de un mar que guarda balbuceos del sér perdido. Valle-Inclán cuenta luego que nunca había echado de menos su brazo como a la hora en que hubiese querido abrazar con todas sus fuerzas el cadáver del hijo llamado a perpetuar su estirpe, en línea agnaticia.

Otro suceso, de muy distinta condición y universal trascendencia, perturba el sosiego de su vida en el campo gallego, también en 1914. Fué la guerra europea. Valle-Inclán, dado a repentizarlo todo, no tarda en tomar partido: por Francia, por los aliados resueltamente. Cabía presumir —arrancando de un hecho cierto: el auge de la cultura alemana en la formación de la más reciente intelectualidad española—, que el número de los aliadófilos, entre gentes de cátedra o pluma, sería corto. Y esta posibilidad de que él fuese casi el único defensor de un bando, halagaba en Valle-Inclán su espíritu de contradicción. Pero el fenómeno se presentó justamente a la invesa, y la mayoía de los intelectuales se declaró en contra de los Imperios Centrales, con lo que Valle-Inclán, por esta vez, no pudo ser el navegante solitario que apeteciera. En julio de 1915 firmaron los aliadófilos un documento titulado "Palabras de algunos españoles", y Valle-Inclán, que ya no podía recoger velas, lo suscribió también. Con Unamuno, "Azorín", Antonio Machado, Ramiro de Maeztu, Francisco Grandmontagne, Gabriel Alomar, M. Ciges Aparicio, Enrique de Mesa... Esto es, los del 98 y sus asimilados, salvo Benavente y Pío Baroja, que cayeron del lado de Alemania, por razones, eso sí, harto distintas a las aducidas en abono de su actitud por la masa general de los germanófilos. También firmaron el Manifiesto de adhesión a los aliados los artistas más amigos de Valle-Inclán: Santiago Rusiñol, Romero de Torres, Anselmo Miguel... Realmente, Valle-Inclán estaba en su propio elemento. Si él conocía algo de la vida y del espíritu extranjeros, es evidente que no le llegó por conducto germánico, y cuando Italia, estremecida por los cantos de D'Annunzio, se sitúa junto a Francia, Valle-Inclán acaba de comprender que la posición adoptada ya por él armoniza bien con su divisa de escritor latino. Otra tradición, la tradición política servida por el carlismo, le interesa mucho menos. Y, en último término, si los tradicionalistas se declaran germanófilos, hay uno—y bien encumbrado—que marca dirección contraria: precisamente D. Jaime.

El reflejo de la guerra europea sobre el alma española hace retoñar nuestras castizas banderías, siquiera en esta ocasión no se pase de la disputa de tertulia y, a lo sumo, del alboroto callejero. Valle-Inclán, en su rincón gallego, echa de menos como nunca los cafés de Madrid, poseídos por la fiebre universal de fobias y filias. Valle-Inclán hace alguna escapada a Madrid y se hospeda en casa de Sebastián Miranda: un piso de la calle de Montalbán, que domina las arboledas del Retiro y ocres lejanías de arrabal. Valle-Inclán se bate como el más enardecido legionario en el frente de palabras y veladores de Fornos, Nueva España, El Gato Negro... Hallándose en Madrid, le llega un día—un mal día—la noticia de que Rubén Darío ha muerto: el 6 de febrero de 1916, en León de Nicaragua. Valle-Inclán se siente herido muy en lo hondo del corazón. A ningún escritor de su tiempo ha querido y admirado tanto. Federico Oliver, el autor de *La Neña,* y un joven poeta, Luis Fernández Ardavín, proponen, desde las columnas de *El Liberal,* un homenaje a la memoria del "poeta y maestro mágico" de tantos y tantos; Valle-Inclán, celoso de su prioridad en el culto, se apresura a replicarles, con su característica viveza, en el mismo periódico, para hacer constar que ya funcionan sendas Comisiones en todas las Repúblicas americanas, en Francia y en España. Esta última—dice—"está constituída por D. Enrique Gómez Carrillo, D. Rufino Blanco Fombona, D. Pedro Emilio Coll, D. Amado Nervo y otro escritor, que soy yo, aunque indigno". "Sin duda—agrega—, al nombrarme tuvieron en cuenta, más que mis méritos, el recuerdo que guardo del poeta, la admiración que siento por su obra y la amistad que tuve en vida con aquel gran niño. El mismo lo dejó dicho en estos versos:

> Señor que en Galicia tuviste cuna,
> mis dos manos estas flores te dan,
> amadas de Apolo y de la Luna,
> cuya sacra influencia siempre nos una,
> don Ramón María del Valle-Inclán."

Unidos, en efecto, pasan a la Historia de la literatura Rubén Darío y Valle-Inclán, creadores en colaboración de un estilo poético, en prosa o en verso, que no sólo da existencia al modernismo, puesto que también informa, directa o indirectamente, en porción cuantiosa, el lenguaje que se escribe luego: un cierto lenguaje, que en los secuaces acaba siendo franco amaneramiento.

Dos o tres meses después de la muerte de Rubén Darío, emprende Valle-Inclán una excursión al frente occidental de guerra, "comisionado por la Prensa latina de América", como anuncia *El Imparcial,* cuya representación lleva también. Sobre los pasos de este viaje hemos de volver, pero quede ahora la referencia del momento en que Valle-Inclán experimenta las contradictorias solicitaciones de un mundo en combustión y la paz eglógica de Galicia. En el forcejeo, su casa lleva la peor parte. El espíritu de Valle-Inclán alcanza máxima tensión y no se resigna a ser espectador distante de los acontecimientos que enloquecen al planeta. Por eso va a Francia; pero se conoce lo bastante para saber que la guerra no se le podrá reducir a simple materia de cronista, y para vivirla en el único grado que le es posible, emprende el viaje. Una vez vista y sentida la guerra, piensa que la podrá recrear o estilizar, interpretarla a su modo en un libro o en varios. La reinstalación en Madrid le atrae. Pero el problema económico subsiste; los siete u ocho mil duros que se jacta de percibir al año por sus obras (1) no le aseguran la vida, ya que no muestran otro cuño que el de su fantasía. En estas circunstancias le brinda una cátedra en la Escuela Especial de Pintura, Escultura y Grabado, de Madrid, el Ministro de Instrucción Pública, Julio Burell, empeñado en demostrar, con generosidad muy suya, que su departamento está regido por un escritor amigo de escritores. En mayo de 1916 regaló Burell a la Condesa de Pardo Bazán la cátedra de Literatura y Lenguas Neolatinas en la Facultad de Filosofía y Letras de la Universidad de Madrid. Y a poco, crea para Valle-Inclán en aquella Escuela la cátedra de Estética de las Bellas Artes. Una Real orden de 18 de julio dispone que se encargue de desempeñar la nueva asignatura "un literato y publicista de reconocido prestigio, sancionado por la crítica y la opinión". Otra Real orden, de igual fecha, hace saber que "S. M. el Rey —q. D. g.—ha tenido a bien nombrar profesor especial de Estética de las Bellas Artes a D. Ramón de Valle-Inclán, en quien concurren las expresadas circunstancias". Que es, en definitiva, de lo que se trataba.

Llevar a la cátedra sus disertaciones del café era cosa que encantaba a Valle-Inclán. Pero el mínimum de disciplina y

---

(1) "Valle-Inclán", por Juan López Núñez. Interviú publicada en *Por Esos Mundos;* Madrid, 1.º de enero de 1915.

método a que había de someterse le resultaba de seguro insoportable, aparte de que toda idea de obligación le repugnó siempre. No tuvo dotación económica su cátedra hasta el siguiente presupuesto, y sucedió que, llegado el día de cobrar la primera nómina, ya había dejado Valle-Inclán de dar sus clases, agotada la ilusión del principio. Corto fué el número de sus lecciones, sin plan orgánico, por supuesto; pero algún discípulo de aquel único curso atestigua que a todos los alumnos de Valle-Inclán les aprovechó no poco cuanto él les decía libremente en plática espontánea, bien en el aula, bien en visitas al Museo del Prado: ante cuadros de cualquier escuela o ante el Tesoro del Delfín, lo mismo era. Las charlas de D. Ramón ondulaban caprichosamente, prolongándose a la salida por las calles del centro, en paseos al azar. Un día, mientras el maestro y una discípula subían juntos la carrera de San Jerónimo, habló Valle-Inclán de teatro y de escenografía, en términos que anticipaban novedades de Copeau, de Reinhardt y de Piscator.

Este 1916 es el año en que Valle-Inclán publica la *Lámpara maravillosa*. Silencios y soledades de Galicia la encendieron, y algún tiempo hacía que ya chispeaba en el propósito de su autor, puesto que en marzo de 1914 leyó varios trozos, de lo que fué después *La lámpara maravillosa,* a Mauricio Bacarisse (1), poeta, entonces casi niño, y muerto quince años más tarde; vida breve de escritor malogrado. Para que Valle-Inclán ultimase esta obra, fruto de ensimis-

---

(1)  Véase "Dedicatoria" del libro *Mitos,* por Mauricio Bacarisse, 1930.

mamiento, era mucho más indicado el régimen de vida que llevaba en las temporadas de Galicia, que para realizar ese otro proyecto, abrigado según García Martí (1), de escribir una *Historia de Galicia*, fijándose en tres momentos que rotularían el tríptico de su obra: *Prisciliano, Gelmírez y Feijóo.* No es extraño que quedase sin hacer una obra de tanta exigencia en punto a cultura y trabajo. *Ejercicios espirituales* se subtitula *La lámpara maravillosa*, libro en el que Valle-Inclán se entrega a temas que tanto se relacionan con la Estética como con la Mística y que se valen de la forma expresiva propia del ensayo—poco frecuentado por él—, pero sin renunciar a recursos de naturaleza poética, aunque el verso no alterne en instante alguno con la prosa; ya se sabe que Valle-Inclán no es precisamente más poeta cuando versifica. Las palabras se conciertan en *La lámpara maravillosa* con una constante opción—típica en Valle-Inclán—a la belleza formal, no sirviendo conceptos tanto como creando ritmos de dicción. Mucha más gracia poética que rigor de pensamiento hay, a no dudarlo, en *La lámpara maravillosa,* y si se notan en ocasiones juicios lógicos o de acuerdo con datos ajenos a la obra misma, es que actúa la certera intuición de Valle-Inclán. No de otra manera adquiere las nociones que necesita para traer a cuento, como en efecto trae, tomados por algún cabello, a Juan de Valdés, a San Pablo, a Eckart, a Miguel de Molinos, a clásicos greco-latinos, a la Gnosis y a la Cábala... Claro está que la Mística de Valle-Inclán

---

(1) Véase *La vida de un español del siglo XIX al XX,* por Victoriano García Martí, pág. 144.

—seudo mística, más bien—no se ajusta a módulo determinado y brinca desde el quietismo, a que se muestra inclinado, hasta dar de bruces en la Teosofía, una Teosofía también caprichosa, resuelta en símbolos de tan clara factura literaria como oscura significación conceptual. Lo que probablemente no importa al autor, que acaso busca adrede el efecto de que las palabras constituyan un velo lindamente desplegado al aire. "El secreto de las conciencias—escribe—sólo puede revelarse en el milagro musical de las palabras. ¡Así, el poeta, cuanto más oscuro, más divino! La oscuridad no estará en él, pero fluirá del abismo de sus emociones, que le separa del mundo. Y el poeta ha de esperar siempre en un día lejano, donde su verso enigmático sea como diamante de luz para otras almas, de cuyos sentimientos y emociones sólo ha sido precursor. El poeta debe buscar en sí la impresión de ser mudo, de no poder decir lo que guarda en su arcano y luchar por decirlo y no satisfacerse nunca..."

Así y todo, puede descubrirse en *La lámpara maravillosa* un sentido místico de la vida, a lo Novalis, por ejemplo, o a lo Maeterlink; preocupación ante el misterio inextricable que exaspera la sensibilidad y extravía la razón, en lugar de la fe, que consuela y orienta. Las palabras de Valle-Inclán conducen a otras palabras, y a su fulgor, a su relieve, a su fragancia, a su melodía, a la expresión, aérea y grave a un mismo tiempo, de sus sentencias, debe ser atribuído el valor de estos *Ejercicios,* antes que espirituales, de Retórica y Poética.

Por mucho que Valle-Inclán afectase equilibrio e impasibilidad, la procesión de su inquietud andaba por dentro. Corrían tiempos de suma efervescencia y el aire comunicaba electricidad a los espíritus. El viaje a las trincheras de Francia influyó en que Valle-Inclán se sintiese más refractario a la sensación de quietud que buscaba en Galicia con ansia intermitente. Tanto más cuanto que sus asuntos personales le robaban la calma que el campo en sí mismo le pudiese deparar. Es que, al levantar la casa de Cambados, se había metido a labrador y ganadero, llevando por su cuenta la finca llamada "La Merced"—por la Orden religiosa que fuera su propietaria antes de la desamortización—, a tres kilómetros de La Puebla del Caramiñal. Valle-Inclán soñaba con llegar a ser un señor de verdad, dueño de tierras que vincular a su linaje. Es el estado de ánimo a que obedecen unos versos que escribe por entonces y que años después inserta en *El Pasajero:*

> Quiero una casa edificar
> como el sentido de mi vida;
> quiero en piedra mi alma dejar
> erigida.
> ... ... ... ... ... ... ... ... ... ... ...
> Quiero mi honesta varonía
> transmitir al hijo y al nieto,
> renovar en la vara mía
> el respeto...

El tercer y el cuarto hijos de D. Ramón y Josefina vienen al mundo en "La Merced". Niño y niña; el uno se llamará Carlos; la otra, María, Mariquiña. Pero la hacienda no prospera. Valle-Inclán discurre nuevos cultivos con es-

casa fortuna; arranca el viñedo y le mueven querella los dueños de la finca. La labor acaba por costarle dinero, y las re-
servas económicas—milagrosamente manejadas por Josefina—comienzan a resentirse. Había estado a punto de alumbrar en Valle-Inclán, con todos sus atributos, el señor feudal que nunca dejó de llevar dentro; no pudo ser. Los títulos
cuya rehabilitación pretendiera para caracterizarse del todo,
no le fueron concedidos: marquesado del Valle, vizcondado
de Vieixín, señorío del Caramiñal. Cursó al Ministerio de
Gracia y Justicia las instancias correspondientes (1), sin cui-
darse de que las dieran sombra los árboles genealógicos opor-
tunos. No adujo pruebas de ninguna especie, y la pretensión
no pudo por menos de ser desestimada. Pocos le habrían
aventajado en prestancia física y en arte para componer
el tipo.

---

(1)  *Gaceta de Madrid*, 14 de abril de 1915. "Ministerio de Gracia y Justicia.
Títulos del Reino. Relación de instancias presentadas en este Ministerio, durante los meses de enero, febrero y marzo."

## 16

## GUERRA Y POST-GUERRA

Dicho está ya que Valle-Inclán visitó en 1916 el frente francés de la guerra europea. Fué en mayo, e intervino en la promoción del viaje M. Jacques Chaumié, amigo reciente, pero entusiasta de Valle-Inclán. Se habían conocido tres o cuatro años atrás, con ocasión de la llegada a Madrid de unos comisionados de las Cámaras de Comercio de Francia. Figuraba entre ellos M. Chaumié, y como éste era un gustador de las letras españolas, especialmente aficionado a la literatura de Valle-Inclán, no quiso regresar a París sin dejar establecido el contacto más afectuoso con él y sin llevarse la autorización oportuna para traducir algunas de sus obras. Fué la primera el cuento *Mi hermana Antonia,* que M. Chaumié dió a *Le Temps,* y luego, en afán de mayor empeño, *Romance de lobos,* publicado en *Mercure de France* (1), y pro-

---

(1) La traducción al francés de *Romance de lobos,* con el título *La geste des loups,* se publicó en los números de *Mercure de France* de 16 de marzo de 1914 a 16 de abril de igual año. El mismo traductor, J. Chaumié, publicó, a la cabeza de su traducción en la citada revista, un ensayo sobre Valle-Inclán.

bablemente representado en algún teatro de París de no so-
brevenir la guerra. La amistad se hace tan íntima, que en
Cambados es huésped de Valle-Inclán M. Chaumié, como
ahora en París la casa de Chaumié acoge a Valle-Inclán.

Por supuesto, Valle-Inclán sale de Madrid con las impresiones de su excursión ya en el equipaje: "Claro está—dice
una tarde en El Gato Negro—, como tengo un concepo anterior, voy a comprobar ese concepto, no a inventarlo. Si mi
portera y yo vemos la misma cosa, mi portera no sabe lo que
ha visto, porque no tiene el concepto anterior." Dice también: "La guerra no se puede ver como unas cuantas gra-
nadas que caen aquí o allá, ni como unos cuantos muertos y
heridos, que se cuentan luego en estadísticas. Hay que verla
desde una estrella, fuera del tiempo y del espacio..." Los entonces contertulios de Valle-Inclán recuerdan igualmente
otras opiniones suyas: prejuicios y presentimientos, intuicio-
nes y antojos: "La guerra es la continuación de la Historia,
no su interrupción, como creen los parlamentarios, algunos
cronistas de salones y tal cual literata; Inglaterra perecerá,
pero no a manos de Alemania, sino, fatalmente, a manos
de los Estados Unidos. España perdurará en América. De-
biéramos entrar en guerra junto a los aliados y pedir una
compensación en el Mediterráneo oriental, para que el grito
de Lepanto sea algo más que un eco sonoro; pero los políticos
españoles no saben a punto fijo hacia dónde cae Constanti-
nopla... (1).

---

(1) "Los españoles y la guerra. El viaje de Valle-Inclán". Artículo publicado en *España*, 11 de mayo de 1916.

En París—que visita por primera vez—acompañan a Valle-Inclán, Ciges Aparicio, corresponsal de *El Imparcial,* y un muchacho, Pedro Salinas, que acaba de dejar las aulas universitarias de Madrid para profesar de lector de Lengua española en la Sorbona. A ruego insistente de Valle-Inclán, Salinas le lleva a ver la casa de la rue d'Herchelle, en que vivió Rubén Darío, y en la terraza de un café de los Campos Elíseos cuenta y canta luego cosas del poeta hispano-americano. Visita a Morel-Fatio. Asiste a una comida que da en su honor Mauricio Barrés. "Parece un cuervo mojado", dice del novelista francés el español. Y se siente muy ufano cuando el *maître* de un restaurante, frente al Luxemburgo, en que come un día con varios amigos, les hace cumplidas reverencias, y dice al tiempo de presentarle la lista de vinos: "Monsieur Del Valle-Inclán: el dueño de esta casa, que ha honrado usted con su visita, se sentiría aún más honrado si usted le permitiera ofrecerle los vinos que más le agraden de su bodega..." Es que algún periódico ha publicado la fotografía del escritor español amigo de Francia y todos se creen obligados a extremar los cumplimientos (1).

_____

(1) Refleja el humor y agrado de Valle-Inclán, durante su estancia en París, esta carta fechada en 23 de mayo: "Querida Josefina: Solamente podré ponerte dos letras, porque espero la visita de un americano, y creo que está llamando a la puerta. No era el americano. Sigamos. Esta tarde vendrá a verme un redactor de *Le Temps,* que desea publicar una entrevista conmigo. Ahora creo que llama el americano. Espera en el salón y voy a terminar. Mañana me recibirá Briand, el presidente del Consejo de Ministros, y el hombre que pesa más en los destinos del mundo. Ha significado el deseo de conocerme. El martes de la semana próxima seré recibido en la Sociedad de Gentes de Teatro, que me han invitado muy cortésmente, para asistir a una sesión. Creo

Llevando capote y boina, visita Valle-Inclán las trincheras, y así ataviado se parece a los soldados alpinos. Una vez le confunde alguien con el General Gouraud, que también es manco. Pero conviene reproducir, con más o menos extensión, el testimonio de un cronista: "Hizo Valle-Inclán lo que a ningún civil extranjero ni francés le estaba permitido hacer. Su aspecto militar, además de sus amistades, le facilitaba todo. Estaba más que imponente. Parecía hasta más completo, el nervio parecía músculo. Un día de marcha, resbaló en un mal paso y el compañero de armas que le ayudó a levantarse contaba luego: "Lo más extraño de este señor es que pesa menos que una pluma." Yo le decía a Valle-Inclán: "Es una lástima que sea verdad lo que está usted haciendo, porque a usted no se lo van a creer." Llegó a prestar servicio. Voló sobre las líneas alemanas, y las malas lenguas insinúan que hasta lanzó bombas. Aquella noche estaba invitado a cenar en un Estado Mayor. Sin embargo, los aviadores, encantados con él, le retuvieron: "¡Usted es de los nuestros!", le aclamaban. Y D. Ramón, magnífico, mandó un cortés recado al Estado Mayor excusándose de asistir a la cena por tener que acampar con los suyos."

Aunque Valle-Inclán anuncia que sus impresiones del frente se publicarán en periódicos franceses, ingleses, rusos y americanos, al mismo tiempo que en *El Imparcial,* es lo

que quieren pedir que me condecoren con la Legión de Honor... Yo pienso que la condecorada eres tú, pues es a quien halagan estas cosas. Recibe mi enhorabuena. Lo que me dices de Manolo Domínguez no me extraña. Era un carácter. Falto de toda cultura, pero un carácter. Dile a Conchita que me escriba. Muchos besos para ella y para ti de vuestro *Ramón.*"

cierto que las crónicas de Valle-Inclán aparecen no más que
en el diario madrileño, gran diario todavía. Conservan *Los
Lunes* las firmas que le dieran prestigio y busca las nuevas
que merezcan su incorporación al selecto grupo de los colaboradores. La apremiante actualidad internacional es servida
por cronistas y corresponsales de nombre ya consagrado o
de una especialización que ahora dará su fruto. Desde París envía artículos D. Armando Palacio Valdés; desde Ber-
lín, Ricardo León... La colaboración de Valle-Inclán se
inicia en el folletón del número correspondiente al 11
de octubre de 1916 y termina en el de 18 de diciembre, integrando las crónicas sucesivas un trabajo, más
o menos orgánico, con el título "Un día de guerra",
el subtítulo "Visión estelar" y esta otra indicación: "Parte primera: La media noche." Pero la segunda parte no
llega a aparecer, por la sencilla razón de que Valle-Inclán
no escribió más sobre el tema propuesto. Lo publicado en *El
Imparcial* se convierte en libro, que ve la luz al año siguiente, siendo invertidos los términos de la anterior rotulación y
modificado además alguno de aquéllos en esta forma: "La
media noche: Visión estelar de un momento de guerra." Estas páginas, iniciación de una obra que hubo de quedar trun-
cada, no satisfacieron a Valle-Inclán. Quiso ser "centro" de
una superior visión para abarcar de esta suerte los puntos de
vista, limitados por ser particulares, de los demás. Y sólo
consiguió unos cuantos apuntes de valor descriptivo bastante
desigual. Le faltó inspiración, se da cuenta y lo confiesa: "He
fracasado en el empeño; mi droga indica en esta ocasión

me negó su efluvio maravilloso. Estas páginas que ahora salen a la luz no son más que un balbuceo del ideal soñado." Con todo, no faltan imágenes felices, pasajes de fuerte expresión y corte clásico: "Los dos fosos enemigos galguean por negros bosques y resonantes quebradas, cuándo despeñados, cuándo cimeros. Cruje astillado el tronco de los abetos, y al doblarse bajo la tempestad de nieve y de metralla, el ramaje ciega los caminos. Metzeral está ardiendo, y la vislumbre de las llamas corre sobre las aguas del río..." No pasa inadvertido un matiz de incipiente ·antimonarquismo. Valle-Inclán acusa a los soldados alemanes de pertenecer a "una tierra donde aún hay castas y reyes". Y agrega: "Para los soldados franceses el sentimiento de la dignidad humana se enraíza con el odio a la jerarquía. *La Marsellesa* les conmueve hasta las lágrimas, y tienen de sus viejas revoluciones la idea sentimental de un melodrama ·casi olvidado, donde son siempre los traidores príncipes y reyes."

El horror de la guerra suele resolverse en negocio de neutrales, y esta contrapartida la obtiene despreocupadamente España, pese a la superficie donde riñen filias y fobias. Los negocios se agitan en el fondo y emerge el nuevo rico; por su conducto opera el diablo milagros de abundancia. La vida es para los españoles fácil y alegre: demasiado alegre, demasiado fácil. Madrid, asilo de gentes de todas las divisas, adquiere un tono brillantemente coloreado. Hombres y mujeres de documentación irregular animan hoteles y *cabarets*, que se multiplican. Al cabo de los años Valle-Inclán se encuentra con que existen, de carne y hueso, las "diabólicas"

que su imaginación había entrevisto. La "figulina" modernista de los primeros carteles y de las revistas del Novecientos toma cuerpo, realidad callejera, en la modistilla, que deja
su mantoncillo para aprender de los dibujos de Penagos a
hacerse otra silueta y a pintarse en los labios un corazón. Los
Bailes rusos llegan a Madrid para dar categoría y rumbo al
gusto por lo suntuario y lo decorativo. Anglada Camarasa,
Federico Beltrán, Néstor, son pintores en boga. Es también
el momento de "Tórtola Valencia", de la "Argentina", de la
"Argentinita". La literatura absorbe muchas superfluida-
des del ambiente, y los últimos grupos de escritores, los que
deben su popularidad al *Cuento Semanal,* y los poetas que
desfilan por el "Cancionero" del *Heraldo,* aprovechan las
escurriduras de muchas copas de *champagne* para dar de be-
ber los últimos posos del arte finisecular a padres e hijos de
familia. Toda la realidad no está en el primer plano, y la entraña de las cosas sufre hondas remociones. Estéticamente, el
sondeo más audaz lo realiza Ramón Gómez de la Serna; políticamente, las plumas agrupadas en *España*—"Semanario
de la Vida Nacional"—constituyen el banderín de enganche,
a no largo plazo, de la segunda República española. Todas las
fuerzas disgregatorias y corrosivas se encuentran en Madrid y en Barcelona, en oficinas, campos y talleres, durante
el verano de 1917. La política es un inmenso *jazz-band,* en el
que disuenan las castañuelas de una inconsciente alegría y
la seca detonación del pistolerismo catalán. Las gentes bailan, beben, juegan, se divierten más que nunca, entre dolores, angustias, épicos esfuerzos. Paraíso artificial... Cuando

los estupefacientes de la España neutral van perdiendo su virtud, sobreviene el excitante vivísimo de la revolución rusa. Valle-Inclán comienza a experimentar en su ánimo el resplandor de una hoguera nueva, más tremenda y real que la de antaño.

El terrible contraste que ofrecen la frivolidad y el dramatismo en un Madrid que es todo él un gran Kursaal, promueve un nuevo concepto del humor. La alegría acaba por agriarse, y la contraposición de las emociones, el desnivel de las cosas, la dualidad de superación casi imposible, renueva la eterna verdad—recordada por Pirandello—de que el humorismo es como un Hermes bifronte, que ríe y llora a la vez. Lo grotesco prevalece en la encrucijada, donde el mundo se encuentra al volver de las batallas, y en el chaflán de lo trágico y lo burlesco abre Valle-Inclán una ventana para fumar su "pipa de kif".

> Por la divina primavera
> me ha venido la ventolera
> de hacer versos funambulescos
> (un purista diría grotescos).
> Para las gentes respetables
> son cabriolas espantables...

La pipa de kif se publica en 1919, y aunque Valle-Inclán procura afirmar en sus nuevos versos la continuidad de su inspiración, son patentes las dislocaciones que acusa la línea general del libro, interesando mucho más en éste el anticipo de formas ulteriores que las resonancias de la obra precedente. Porque en La pipa de kif se recalca el trazo deformador de las "farsas" hasta dibujar perfectamente caracterizado el embrión de lo que se va a llamar "esperpento", transposición grotesca de la realidad, gusto en quebrar un drama —cuanto más angustioso, mejor—con una ocurrencia bufa, lenguaje libérrimo, emoción contradictoria:

> El patíbulo destaca
> trágico, nocturno y gris;
> la ronda de la petaca
> sigue a la ronda de anís.
> Pica tabaco la faca,
> y el patíbulo destaca
> sobre el alba flor de lis.
> ... ... ... ... ... ... ... ... ... ...
> Canta en la plaza el martillo;
> el verdugo gana el pan;
> un paño enluta el banquillo;
> como el paño es catalán
> se está volviendo amarillo,
> al son que canta el martillo:
> ¡Tan! ¡Tan! ¡Tan!

Hay en *La pipa de kif* una gracia acre que tuerce el gesto de la alegría sana en mueca de malsano sarcasmo, pero que determina visiones tan exactas en su vigoroso relieve, como las que en distintas composiciones hallamos de las verbenas madrileñas, del circo trashumante, de un Carnaval en su versión más plebeya, de una taberna de puerto viejo, del crimen atroz que se pinta o glosa en cartelones de feria y pliegos de cordel... Hay mucho pueblo español en el fondo de estas poesías, mucha plebe, traída a plano literario con una expresión dura, seca y fácil, que recuerda en ocasiones a un cierto modo quevedesco de percibir la vida, y también a Espronceda en algún momento de *El diablo mundo*. Valle-Inclán busca en *La pipa de kif* motivos o detalles de una verdadera contra-Estética. Pero los caminos de la belleza son a veces insospechables, y el más extraviado, al parecer, reserva sorpresas. Precisamente, lo feo, lo escatológico, lo antiacadémico, cuenta con tradición harto viva en las letras españolas y hasta en las artes plásticas, donde lo deforme y lo monstruoso repugna más al sentido. Pero, por lo visto, así es de crudo nuestro concepto de la verdad, según se realiza en la novela picaresca, en *El Bobo de Coria* o en *El Niño de Vallecas*, en mucho de Goya, en refranes y locuciones adverbiales. A que Valle-Inclán vuelva del revés el tapiz de su Estética contribuye de alguna manera la subversión de principios a que deliberadamente se consagra el vanguardismo literario. La guerra contagia de su terminología a los escritores jóvenes, que sacaron de las trincheras, en general, una moral bien poco heroica, y el arte *d'avant-garde* pone en su mano el metafórico fusil de una gran ofensiva de palabras. Ya no es el futurismo una actitud extravagante y aislada, sino un modelo que estimula a múltiples variantes: cubismo, creacionismo, dadaísmo, nunismo, paroxismo... El mundo de la post-guerra da la impresión de ser demasiado viejo o de nacer a una vida totalmente distinta. Campeones de la ingenuidad son los juristas, que hablan de la "última guerra", y los literatos, que se aniñan para balbucir *Dadá*. Los vanguardistas se fijan, al contrahacerse la condición de recién nacidos, en lo que antes no pudo adquirir estado artístico y literario. Lo feo se salva y aun es canonizado. Lamartine, redivivo, no diría, so pena de pasar por anacrónico, como un siglo antes: *Je chan-*

*tais, mes amis, comme l'homme respire,—comme l'oiseau gémit, comme le vent soupire...* El poeta de 1920 canta en virtud de otros resortes: *Comme je pisse,* que dice Tristán Tzara en la *Proclama sin pretensión* del dadaísmo.

Sienten la impresión de entrar en un mundo nuevo, incluso los espíritus más pegados a la cola de la Historia. Porque el espíritu del tiempo que sucede a la prueba caldaria de la primer guerra europea del siglo xx—el consabido *esprit nouveau*—es más valedero, complejo y profundo de lo que muchos creen, empezando por que esas características no faltan a jóvenes tan auténticamente originales como Apollinaire. Los "ismos" de la post-guerra determinan una corriente que desemboca en otra que nunca dejó de fluir, impulsada por el ansia eterna de buscar nuevos horizontes. Es cierto que no se concibe cosa alguna sin tradición, y los vanguardistas más avanzados no llegaron a negar tanto: "Rimbaud y Mallarmé—dice Cocteau—son Adán y Eva"; pero Mallarmé y Rimbaud, a su vez, decían cosa parecida de Baudelaire. Y así sucesivamente hacia atrás... Mas tampoco cabe admitir una tradición sin futuro. En ese sentido la vida comienza todos los días, y con un estado de ánimo así difundido y reforzado, escribe Valle-Inclán el primer verso de *La pipa de kif*: "Mis sentidos tornan a ser infantiles..."

En 1920 publica Valle-Inclán *El pasajero—Claves líricas—*, que devuelve, rimado, el eco de *La lámpara maravillosa,* por insistir sobre los mismos temas o tratar otros de índole semejante. Pero este antecedente no lo explica todo. Reaparecen los metros favoritos de la poesía modernista y no escasa parte de su vocabulario. Evocado por su música, surge de nuevo el fantasma obsesionante de Rubén Darío, sólo que entran en la composición de estos poemas otros factores de naturaleza pictórica, y la preocupación del cubismo deja sentir su peso, por ejemplo, en el soneto *La rosa del sol,* cuyo primer cuarteto dice así:

> Por el sol se enciende mi verso retórico,
> que hace geometría con el español,
> y en la ardiente selva de un mundo alegórico
> mi flauta preludia do-re-mi-fa-sol...

La síntesis de todas las artes, por obra de la literatura, es una meta a que nunca deja de tender Valle-Inclán. Se advierte una vez más en *El pasajero,* con la añadidura de que asimismo participan las ciencias en esa cifra superior, siquiera se trate de ciencias ocultas. Por ocultas precisamente Valle-Inclán las prefiere: por misteriosas, por arbitrarias, por superrealistas, por dadas a la logomaquia. Secreto, arcano, enigma, son términos que van y vienen con *El pasajero* en sus peregrinaciones al azar. Valle-Inclán tantea diversas claves y no parece que reconozca todo su valor al hallazgo de la verdadera, la XXIX, traída por un cuervo.

> ¡Tengo rota la vida! En el combate
> de tantos años, ya mi aliento cede,
> y al orgulloso pensamiento abate
> la idea de la muerte, que lo obsede.
> Quisiera entrar en mí, vivir conmigo,
> poder hacer la Cruz sobre mi frente,
> y sin saber de amigo ni enemigo,
> apartado vivir devotamente.

> ¿Dónde la verde quiebra de la altura,
> con rebaños y músicos pastores?
> ¿Dónde gozar de la visión tan pura
> que hace hermanas las almas y las flores?
> ¿Dónde cavar en paz la sepultura
> y hacer místico pan con mis dolores?

En plena deshumanización del arte, esta voz humanísima disuena. El autor no la sostiene y se deja ganar, desconcertado, por las palabras de la rumorosa selva, que es su arte. Palabras gallardas, sonoras, finas, resplandecientes, como árboles, pájaros, flores, arroyos... En otros pasajes, el poeta confiesa: "Saliendo de mi noche, me perdí en un recinto—de rosas..." También Europa salió de la guerra, pero el laberinto en que entrara por la puerta estrecha de la paz de Versalles, no sería de rosas precisamente.

## 17

# FARSAS Y "ESPERPENTOS"

A más del libro de versos *El pasajero,* Valle-Inclán publica en 1920 una farsa, *La enamorada del rey,* y una "tragicomedia de aldea", *Divinas palabras.* Y aparecen en las revistas *La pluma* (1) y *España* (2), la *Farsa y licencia de la Reina castiza* y el "esperpento" *Luces de bohemia,* respectivamente. *Divinas palabras* es el desarrollo y la superación de las *Comedias bárbaras.* Las tres obras restantes marcan las sucesivas etapas del camino que va desde las farsas de la primera época, entre las que podemos situar indudablemente *La enamorada del rey,* por su concepto y factura, hasta el esperpento, que apunta claramente en *Farsa y licencia de la Reina castiza,* y que se logra por modo típico en *Luces de bohemia.*

La calificación de "tragedia de aldea" que Valle-Inclán

---

(1) Números de agosto y septiembre de 1920.
(2) Números de 31 de julio a 23 de octubre de 1920.

asigna a *Divinas palabras*—original que apareció primeramente, por cierto, en los folletones de *El Sol*—responde a una de las más características y persistentes directrices del autor, tantas veces afanado en sesgar los motivos de su inspiración buscándoles insospechables perfiles, jugando con las dos caras que ofrecen todas las cosas y doblando, en consecuencia, el espanto con la burla. Tantas veces asimismo empeñado en que sea Galicia precisamente la tierra de que brote el árbol inmemorial del misterio y de las pasiones primitivas. A su sombra, la muerte, la lujuria, el miedo, la endemoniada tentación de la vida errante... Un poderoso aliento de poesía popular, épica y dramática, sacude las ramas de este árbol tan viejo como el mundo, cargado de palabras vivas, fieles a la realidad agazapada en oscuros corazones. Gracias a la expresión de suprema veracidad artística que Valle-Inclán consigue, temas que ya parecían totalmente exprimidos por la mano insistente del autor, rezuman su jugo más concentrado y enérgico. Nada hay en *Divinas palabras* que no esté en *Flor de santidad* o en *Romance de lobos* o en *El embrujado*. Lo que el autor añade es sencillamente calidad. Nos parece escuchar en el ámbito de la tragicomedia voces conocidas. No falta la de D'Annunzio, el de *La hija de Jorio*, por supuesto, y quizá también el de *La antorcha bajo el celemín*. Directa o indirectamente le llega a Valle-Inclán el aliento de la tragedia clásica con su destino, con sus coros, con sus posibilidades de espectáculo, con su fondo de naturaleza histórica: "Mari-Gaila, seguida de mozos y canes, corre por la ribera, sosteniendo en la cintura la falda desgarrada que descubre, por los jirones, la albura de las piernas. Milón de la Arnoya, un gigante rojo que va delante de su carro, le corta el camino y con ruda alegría brama su relincho. Mari-Gaila se detiene, alzando una piedra... El jayán, con bárbaras risas, adelanta de un salto y la piedra le bate en el pecho. Mari-Gaila, con los ojos encendidos, rastrea por otra, y el rojo gigante la estrecha en sus brazos... Mari-Gaila huye de los brazos del gigante, desnudo el pecho y en cabellos... Rítmica y antigua, adusta y resuelta, levanta su blanca desnudez ante el río cubierto de oros... Rodante y fragante montaña de heno, el carro, con sus bueyes dorados, y al frente el rojo gigante que los conduce, era sobre la fronda del río como el carro de un triunfo de faunalias... El carro de la faunalia rueda por el camino, en torno salta la encendida guirnalda de mozos, y en lo alto, toda blanca y desnuda, quiere cubrirse con la hierba Mari-Gaila..." La opción a la tragedia clásica, confirmada por el apresto de ritos y usos milenarios, es definitoria de *Divinas palabras* en mucho mayor grado que los posibles contactos temáticos con la moderna novela rusa que ofrece la obra en algunos de sus otros costados. Porque ¿no corresponde la primacía histórica de esta emoción de físicas y morales degradaciones a nuestra novela picaresca, por más que ésta las trate con espíritu cristiano de comprensión y piedad?... ¿Y no es de inequívoco aire castizo la actitud de Valle-Inclán ante la miseria y aun la abyección, expuestas con humana y sentenciosa misericordia?... Como quiera que sea, hay en *Divinas palabras* mucha inconfundible materia española. "En la fronda del robledo—leemos—el idiota, negro de moscas, hace su mueca. Miguelín el Padrones, con la punta de la lengua sobre el lunar rizoso, se escurre ondulando y mete las manos redondas bajo el jergón del dornajo, de donde saca una faltriquera remendada sonora de dinero...” Lo monstruoso reclama un puesto muy señalado en la tragicomedia, y el idiota aludido en el texto es un enano hidrocéfalo. Velázquez—un determinado Velázquez—y Goya—un determinado Goya—lo habrían hecho su modelo, y esta asociación de nombres y preferencias por ciertos temas—hasta Zuloaga, Solana...—descubre, a no dudarlo, una peculiar propensión de la raza en Valle-Inclán, que es en *Divinas palabras* el más Valle-Inclán de todos los Valles-Inclanes.

La personalidad y casta de Valle-Inclán se afirma categóricamente en cualquiera de las escenas que se distribuyen entre las tres jornadas de *Divinas palabras,* que tiene, por cierto, mucho de retablo en cuanto a su plástica disposición, gracias a la cual no recordamos tanto lo que sucesivamente acaece como lo que acusa su vida en unidad total de presencia. La fuerza ascensional por la que se levanta el elemento anecdótico a la categoría de una gran creación dramática, depende de la gracia creadora del lenguaje, tan real como poético, y corresponde a los diversos tonos del innumerable protagonista. No es otro el protagonista de *Divinas palabras* que Galicia misma, la entera Galicia rural, sorprendida en caminos, cruceros, caseríos y romerías, según la incorporan mendigos, feriantes, viejas lugareñas, mozas hechiceras, labriegos, en desfile circular: las gentes dan la vuelta y los extremos se tocan en el contacto de la observación y la fantasía.

Pues bien; el lenguaje de Valle-Inclán en *Divinas palabras* opera—como el "latín ignoto" que purifica—la salvación estética de todas las crudezas y atrevimientos de vocablo y frase; salvación lograda por la vía purgativa de un habla—con mucho de jerga castellano-galaica y un tanto de germanía—que no elude nada por su propia condición natural y que todo lo fija en su necesario y exacto sentido. Valle-Inclán se sirve del elemento vernáculo para alcanzar nuevos matices de expresión.

Si es posible disociar fuerza y gracia en la obra total de Valle-Inclán, cabe decir que, en cuanto a la primera de tales prendas, *Divinas palabras* es la superación. y que respecto a la segunda, *La enamorada del rey* es el amaneramiento. La condición de "farsa italiana" que atribuye su autor a *La enamorada del rey* no le vale para mejorar la fórmula que aplicara en otro tiempo a sus hermanas mayores y, concretamente, a *La Marquesa Rosalinda.* Se trata, pues, de un cuento escénico más, sin nuevas cualidades que compensen la reiteración de ciertos efectos conocidos. Desentendido este recompuesto y repintado juguete de toda preocupación ajena a su propio mecanismo, se distingue precisamente en eso de la *Farsa y licencia de la Reina Castiza,* donde aparecen, para dar fondo a figuras y pasos de pantomima, la intención de sátira política y la interpretación caricatural de la Historia que van a definir específicamente el "esperpento".

El tema histórico ya apareció ciertamente en *La guerra carlista.* Pero en las novelas de este ciclo Valle-Inclán lo objetiva en los términos de que él pueda ser capaz. En *Farsa y licencia de la Reina Castiza*, Valle-Inclán somete la historia, por el contrario, a toda suerte de tratamientos y manipulaciones, expresando en la franca dislocación de líneas el concepto que merecen a su picante humor personajes y peripecias. Los toma, desde luego, de la crónica, pero acto continuo los rebaja deliberadamente a la condición de muñecos y despóticamente los mueve y les hace hablar con esa arbitrariedad que es connatural al artista. Muy aficionado fué siempre Valle-Inclán a esta clase de deshumanizaciones, si es que los personajes deshumanizados no adquieren otras formas de humanización. Lo cierto es que a partir de *Farsa y licencia de la Reina Castiza* el designio del autor, aplicado al descubrimiento del pelele que correponde a cada hombre como la sombra burlesca de su alma, se hace más constante y trascendente. Para instrucción de lectores, se expresa Valle-Inclán en éstos y otros versos explicativos:

> Corte Isabelina,
> befa septembrina,
> farsa de muñecos,
> maliciosos ecos
> de los semanarios
> revolucionarios,
> *La Gorda, La Flaca* y *Gil-Blas.*
> Mi Musa moderna
> enarca la pierna,
> se cimbra, se ondula,
> se comba, se achula,
> con el ringo-rango
> rítmico del tango
> y recoge la falda detrás...

El asunto que suministra los motivos a esta especie de

coreografía literaria en que danzan Isabel II y el Rey consorte, la Azafata y el Compadre, la Infanta y el Guitarrista, Don Gargarabete, Don Tragatundas, el Gran Preboste, el Estudiante, el Intendente, camaristas, damas y ronda de majos, lo teje el autor de *Farsa y licencia de la Reina castiza* con hilos sacados de *La estafeta de palacio* (Historia del reinado de Isabel II), libro de D. Ildefonso Antonio Bermejo, que Valle-Inclán constituyó en piedra angular de su conocimiento de la época, cuando la lectura de las obras de D. Antonio Pirala y algunos otros libros y folletos empezaron a inclinarle hacia el siglo XIX, revuelta caja de sorprendentes anécdotas y de tipos pintorescos e inverosímiles. Esos hilos que Valle-Inclán colorea a gusto de su imaginación y entrecruza o enreda a su placer, componen la versión grotesca de un auténtico lance histórico: un chantaje a cuenta de ciertas cartas de amor escritas por la Reina.

Isabel II—"tan guapa y repolluda"—, y D. Francisco de Asís—"adamada voz de eunuco"—son las figuras que preferentemente acusan su perfil, y con nombre propio en el tablado de marionetas que monta Valle-Inclán. El Gran Preboste puede ser Narváez o no. En realidad, los personajes de *Farsa y licencia de la Reina Castiza* son muñecos refractarios a una rigurosa identificación. Fácil le hubiera sido a Valle-Inclán hacer lo contrario; pero, por lo visto, no quiso extremar la personalización de cada caricatura o prefirió reducirse a individualizaciones simbólicas. El Padre Claret, Meneses, Sor Patrocinio, no pasan de proyectarse en fugaces alusiones. El Licenciado Torroba reconoce de seguro el precedente de su nombre y traza física en un epigrama de Manuel del Palacio muy popular. Con estos personajes elabora Valle-Inclán un argumento que se alimenta de murmuraciones y de hechos reales, estilizados en virtud de un propósito que, lejos de ir contra la institución monárquica en general, se limita a poner en la picota el estilo isabelino de gobernar y de vivir. Hasta entonces sólo despreciaba Valle-Inclán a las coronas que ciñesen cabezas desprovistas de seso. Luego generalizaría el caso y la censura. Después de todo, para que se gaste un trono basta con que un Rey no acierte a sostenerse en él. Tontamente cayó el trono de Isabel II. Valle-Inclán lo expresa con símil familiar:

> Se viene al suelo la Monarquía,
> como una vieja, de un patatús...

La *Farsa y licencia de la Reina Castiza* apareció impresa en libro a los dos años de ser publicada en *La Pluma*. Valle-Inclán envió a Don Alfonso XIII un ejemplar con esta dedicatoria: "Señor: Tengo el honor de enviaros este libro, estilización del reinado de vuestra abuela Doña Isabel II, y hago votos porque el vuestro no sugiera la misma estilización a los poetas del porvenir." Irrespetuosa e impertinente, la dedicatoria es un preludio del escritor, que piensa ya en ser, respecto a los Borbones, lo que fué Víctor Hugo para Napoleón el Chico, o Guerra Junqueiro—tan afín a Valle-Inclán, por más de un concepto—para los Braganzas.

El sentido maligno del humor de Valle-Inclán cuajaría en el "esperpento". Por primera vez emplea Valle-Inclán este término de clasificación al aplicarlo a *Luces de bohemia*.

Adviértase que es muy del tiempo en que se produce la modalidad del "esperpento" la aplicación de vocablos peyorativos a obras literarias, que verdaderamente no podrían ser clasificadas con un criterio normal. Coincidiendo con el nacimiento del "esperpento", Ramón Gómez de la Serna idea sus *Disparates* e intenta su teoría. "Todos esos conatos de drama de escena de realidad abrupta y borrosa—dice—; todos esos proyectos que no pueden salir de su éxtasis de proyectos; todos esos momentos que se nos clavan en la frente cuando menos febriles estamos, merecen que alguien los recoja de la realidad. Yo lo haré con sinceridad y sin corregir nada en el "disparate", ni *disparatarlo* más." Y recuerda el antecedente "de ese disparate que, sin hacerlo teoría doctrinal, vió Goya, el de gran instinto y el de la magnífica incorrección, en ese proverbio que titula "Disparate claro". Un común abolengo emparenta a "disparates" y a "esperpentos". Esta última especie tiene, naturalmente, vida propia y refleja una peculiar desviación de la clásica idea de humor. El humor de la post-guerra es más contradictorio e incongruente que jamás lo fuera. Cuando se desplaza el eje de los grandes sucesos históricos, la literatura no puede por menos de desorbitarse. Pero nadie ignora el número de aciertos que las letras de cualquier tiempo o país deben a musas extravagantes.

He aquí la luz que Valle-Inclán aporta al esclarecimiento de la genial extravagancia que es el "esperpento". Es en la escena duodécima de *Luces de bohemia,* donde uno de los personajes dice: "El esperpento lo ha inventado Goya. Los

héroes clásicos han ido a pasearse por el callejón del Gato...
Los héroes clásicos reflejados en los espejos cóncavos dan el
esperpento. El sentido trágico de la vida española sólo puede
darse con una estética sistemáticamente deformada... España es una deformación grotesca de la civilización europea...
La deformación deja de serlo cuando está sujeta a una ma-
temática perfecta. Mi estética actual es transformar con ma-
temática de espejo cóncavo las formas clásicas..." Quien
así se expresa—aludiendo a los populares espejos de una tien-
da madrileña, pasmo de "isidros"—es Max Estrella, escritor bohemio y orgulloso, delirante y roto, ciego al final de
sus días, trasunto de Alejandro Sawa, cuya estampa física
se reproduce en estos párrafos: "Máximo Estrella se incorpora con un gesto animoso, esparcida sobre el pecho la hermosa barba con mechones de canas. Su cabeza rizada y ciega, de un gran carácter clásico-arcaico, recuerda los Hermes..." Pero Alejandro Sawa muere en 1910, y su doble literario vive algunos años más hacia acá, porque la época en
que se localiza *Luces de bohemia* es justamente la de su publicación. Abundan las alusiones concretas a la Europa y a
la España de la post-guerra: revolución en Rusia, pistolerismo en Barcelona, vanguardias en el arte y en la literatura,
gestos de Maura... Y, concretamente, este diálogo de la escena cuarta entre Clarinito y Dorio de Gádex, tipo de existencia real bajo el mismo nombre (1). Dice Clarinito: "Maestro, nosotros, los jóvenes, impondremos la candidatura de

---

(1) Además de Rubén Darío, de Alejandro Sawa—fantaseado en Max
Estrella—y de Dorio de Gádex—que aparece con este mismo seudónimo, real-

usted para un sillón de la Academia." Contesta Dorio de Gádex: "Precisamente ahora está vacante el sillón de D. Benito el Garbancero." Esto es, D. Benito Pérez Galdós, muerto en 1920. De suerte, que una España perfectamente localizada en el tiempo—la coetánea del libro—es la que Valle-Inclán contempla cuando resuelve asomarse al ventanillo que su exasperado humor le abre, como antes decíamos, allí donde se ochavan las paredes maestras de lo trágico y lo bufo.

Realmente, ni el panorama ni el miradero son del todo nuevos en Valle-Inclán. Pero su punto de vista ha ganado en altura, y las gentes que pueblan el paisaje ahora afrontado ya no son muñecos de tan ostensible artificio como en las farsas, sino ante todo seres vivos, pese a su aspecto de fantoches. Llevan dentro sangre y corazón. No toca al fondo de su humanidad histórica la deformación del arte, y así nos impresionan fuertemente con sus palabras desgarradas—desgarro y zumba madrileños—y sus pobres hechos de criaturas enteras y verdaderas, que arrastran su vida por escenarios de fácil comprobación en el orden del hampa: callejas equívocas, Jefaturas de Policía—la clásica *Delega* del Novecientos o la *Comi* de después—, cafetines, tabernuchos, esquinas, antesalas... Desgarro, zumba, miseria de Madrid, de un Madrid moralmente deshecho, alimentado por el recuelo del peor romanticismo. Un Madrid que, en parte, es el de los sainetes, con detritus de la gran novela de costumbres del

---

mente el suyo en la vida literaria—, figura en *Luces de Bohemia* otro escritor de la misma época: Ciro Bayo, prosista de raro mérito, hombre de novelesca vida, llamado "Don Gay" en el esperpento de Valle-Inclán.

14

siglo xix y de la más antigua picaresca. Valle-Inclán, en *Luces de bohemia,* eleva artísticamente de condición el sainete madrileño, lanzando batientes de sombra sobre el soleado espectáculo del perenne y desigual espíritu popular, que no puede a la cruda luz de la observación ocultar sus lacras y sus taras. Repárese a este respecto en un fenómeno curioso: uno de los hechos más expresivos de la literatura española contemporánea es el ascenso del sainete: a "tragedia grotesca", por Arniches, y a "esperpento", por Valle-Inclán. La tragedia grotesca de Arniches es un sainete crecido merced a la asimilación enérgica de sustancias melodramáticas. En el "esperpento" de Valle-Inclán el sainete se transfigura plenamente, y lo que de él nace no es en puridad un género nuevo, sino un nuevo estilo, otra manera de ver el mundo: visión muy personal que le inspirará a Valle-Inclán sus obras ulteriores en prosa o en verso, narrativas o teatrales.

Lo que hay de nuevo realmente en el Valle-Inclán de los esperpentos, ya que no el panorama ni el miradero, es la mirada misma. Nuestro autor ve las cosas de arriba abajo, con desprecio que es franco sarcasmo. El sentido crítico y la intención satírica se agudizan en términos que escasamente corresponden al Valle-Inclán de otras épocas, como si un enorme resentimiento le calase el alma. Ve el mundo totalmente esquinado y le hieren las aristas que en tiempos anteriores le eran, cuando menos, indiferentes. La reacción de Valle-Inclán contra las Instituciones históricas de su Patria es evidente, y dijérase que para despedirse de una juventud disipada en devaneos literarios y espejismos políticos, el autor hace intervenir, de pasada, en *Luces de bohemia,* a Rubén Darío, con "el gesto de ídolo, evocador de terrores y misterios", y a su Bradomín, ya irremediablemente caduco, superviviente fantasmal de sí mismo. La barba de D. Ramón blanquea con prisa. Pero la vejez no le ha dado el don de la serenidad; más bien exalta en su espíritu toda posibilidad de violencia. El factor tiempo pesa enormemente sobre *Luces de bohemia* y demás "esperpentos". En el Valle-Inclán de las *Sonatas,* el pasado manda; al autor le posee blandamente la nostalgia, y sus palabras se impregnan de suave melancolía. En el Valle-Inclán de los "esperpentos", por el contrario, domina imperiosamente la preocupación de un presente con salida a un futuro que lo remueva todo, y como el autor no es optimista, se desespera y hace de la sátira un duro instrumento de angustiosas revisiones. Vagos, pero ciertos, anhelos revolucionarios sacuden el ánimo de Valle-Inclán y su Estética muda de signo.

En declaraciones a que Martínez Sierra le incita un día (1), D. Ramón asegura que existen tres modos de ver artísticamente el mundo. Uno, el más antiguo, es de rodillas, en virtud del cual se atribuye a los personajes una condición superior a la del narrador o poeta: Homero, por ejemplo, que crea dioses, semidioses, héroes. Otra manera de ver el mundo es de pie, mirando a los seres imaginados frente a frente, "como si fuesen nuestros hermanos, como si fuesen ellos nosotros mismos, como si fuera el personaje un desdo-

---

(1) "Hablando con Valle-Inclán", artículo de G. Martínez Sierra, publicado en *A B C,* 3 de agosto de 1930.

blamiento de nuestro yo, con nuestras mismas virtudes y nuestros mismos defectos. Esto es Shakespeare, todo Shakespeare. Los celos de Otelo son los celos que podría haber sufrido el autor, y las dudas de Hamlet, las dudas que podría haber sufrido el autor. El tercer modo consiste en mirar al mundo desde un plano superior, levantado uno en el aire. Los dioses se convierten en personajes de sainete, y esta manera, muy española, es la de Quevedo, la de Cervantes, quien se cree más cabal y más cuerdo que su Don Quijote, y jamás se emociona con él. También es la manera de Goya." Y la del propio creador de los esperpentos, podríamos agregar nosotros, si D. Ramón no lo declarase en la conversación aludida. No se equivoca al confesarlo. Su arbitrio de escritor y su orgullo de hombre le llevan a creerse superior a la España de su tiempo, que le parece esperpéntica, puro esperpento. Y el mundo todo también. Precisamente, las palabras finales de *Luces de bohemia* responden a tal concepto: "¡El mundo es una controversia!", dice Picalagartos. Y rectifica la frase Don Latino: "¡Un esperpento!"

Si en *Luces de bohemia* entran componentes de la índole más varia—truculencia, mordacidad, poesía, ternura, dolor, mofa, inquietud—, en el esperpento *Los cuernos de Don Friolera,* que a poco publica *La Pluma* (1), predominan los ingredientes más acres y groseros. No vale, desde el punto de vista del autor, el reparo de que la pluma se convierte en brocha gorda, porque Valle-Inclán apela conscientemente a los re-

---

(1) Números de abril a agosto de 1921.

cursos expresivos del chafarrinón. No es indiferente que el ciego Fidel, con sus "Cristobillas", cree una densa atmósfera de plazuela o corral de posada en torno al texto, porque el autor trata de obtener evidentemente una equivalencia a los cartelones de feria, chillones y agrios, con sus chistes, con su ruda sátira, con su bárbara vibración melodramática, con su moraleja.

"Sólo pueden regenerarnos los muñecos del compadre Fidel", dice Don Estrafalario a Don Manolito—"intelectuales"—en el diálogo final, complemento del que sirve de prólogo, puesto que entre ambos coloquios queda dibujada, con el desenfadado trozo que corresponde a la caricatura general de la obra, la estética de Valle-Inclán en materia de teatro. De acuerdo con la doctrina a que antes se alude, Valle-Inclán establece el supuesto de que su arte "es una superación del dolor y de la risa, como deben ser las conversaciones de los muertos al contarse historias de los vivos". Y si es cierto que Shakespeare se desdobla en los celos de Otelo —siendo creador y criatura del mismo barro humano—, el Bululú de *Los cuernos de Don Friolera*—habla Don Estrafalario—"ni en un solo momento deja de considerarse superior por naturaleza a los muñecos de su tabanque". Una expresa voluntad de dar nuevo estado al teatro rudimentario y popular informa éste y los demás esperpentos; Valle-Inclán quisiera volver al punto de partida que marcan, con unos u otros nombres, las farsas primitivas de todas las literaturas para llegar, desandando un camino de siglos, a un arte fuerte y fecundo, en contraste con el decadente y moderno. Se explica a esta luz que Valle-Inclán acostumbrase a decir con frecuencia de estribillo: "Hay que volver al arroyo..." Y se explica también que muchas veces se gozara en confesar que prefería el astracán de Muñoz Seca a cualquier comedia de malogradas pretensiones y ridículo cultismo.

Del arroyo, en efecto, aprende Valle-Inclán el intrépido uso de palabras no admitidas en la sociedad actual y los atrevimientos de expresión que sólo se encuentran en textos literarios, si remontando el curso de las Antologías, llegamos a "la Celestina", o al Arcipreste, o a Antón de Montoro, o a las "Coplas del Provincial"; porque los clásicos no solían adolecer de melindres. Este abolengo castizo, en una de sus líneas, de los "esperpentos" de Valle-Inclán, revalida su ejecutoria por medio de rasgos y reflejos de creaciones populares o anónimas, como el cuento, el romance de ciego, la copla, el adagio... En otro sentido lo refrenda desde lejos el aliento de la farsa romana. ¿No es automático, leyendo *Los cuernos de Don Friolera,* el recuerdo del *Miles gloriosus?* A Valle-Inclán le gustó siempre dar a su prosa un "son latino". Y cuando en el reparto de sus obras representables emplea la clásica expresión *dramatis personae,* no lo hace, de seguro, por una pedantería de humanista, que le es totalmente extraña, sino porque su concepto del teatro quiere hacerlo derivar de fuentes latinas. A lo latino, con razón caprichosa, contrapone Don Estrafalario lo castellano, y habla del "honor teatral y africano" de Castilla y del "retórico teatro español" para definir por contraste el humor y la moral de *Los cuernos de Don Friolera.*

Los escenarios de la obra ruedan hacia un lugar de la raya portuguesa y hacia un pueblo costero, San Fernando del Cabo, "perla marina de España". Valle-Inclán no pretende llevar los celos y venganza de Don Friolera, afrentado por Doña Loreta, su mujer, a un plano intelectualista, ni intenta exploraciones psicológicas de cierto matiz, como las que realizan, más o menos simultáneamente fuera de España, Crommelink o Mazaud, por ejemplo, desarrollando el viejo tema del *cocuage*. Sobre cualquier intención de esta clase prevalece la sátira rabiosamente hostil a tipos o ideas de carácter militar. Busca el autor un aire de chacota, y situándose fuera del laboratorio en que se analizan pasiones, ventila sus burlas en un corro de plazuela. El ciego Fidel no necesita de otro público. Así es de grosero su cantar.

## 18

## "EXIMIO ESCRITOR Y EXTRAVAGANTE CIUDADANO"

Por algo hace decir Valle-Inclán a su Bradomín en *Luces de bohemia:* "¡No me han arruinado las mujeres, con haberlas amado tanto, y me arruina la agricultura!" En La Merced consume D. Ramón los pocos ahorros de que puede disponer para impulsar sus planes de labrador. Anda en disputas con los dueños de la finca, los asuntos editoriales no marchan mejor y Josefina tiene que hacer números muy difíciles para sacar su casa adelante. Cuando Valle-Inclán pasea en largas caminatas metido en su poncho—el poncho con que le perpetúa un retrato estupendo de Juan Echevarría—o cuando monta en su cochecillo de caballos, que él mismo guía con el concentrado imperio de su mano única, se cree señor de las vidas y haciendas que le rodean. Las pequeñas cosas, cuentas y querellas le vuelven a la realidad, y para librarse de zozobras inmediatas no sabe a qué posibili-

dad de evasión recurrir. En estas circunstancias le llega desde San Sebastián, por conducto de Alfonso Reyes (1), el fino
y docto escritor, Encargado de Negocios en Madrid de los
Estados Unidos Mexicanos, una invitación sobremanera tentadora. Se trata de las fiestas conmemorativas de la Independencia de México, y el Presidente Obregón quiere que
asista Valle-Inclán como huésped de honor. Don Ramón no
duda, y "a vuelta de telégrafo"—cuenta Alfonso Reyes—decide partir. Invitación semejante avivaba en él gratísimas
memorias.

Corría el verano de 1921. Valle-Inclán llega a Méjico en
septiembre, por vía La Habana-Nueva York. Se hospeda
en el hotel Regis, pero suele cenar en El Globo, un restaurante de lujo de la avenida Madero; frecuenta los cafés de
españoles, como El Fénix y La Flor de Méjico, y entre sus
intervenciones de carácter público se cuentan unas charlas
en el típico café de Los Monotes; una fiesta literaria en el
Teatro Principal; un entusiasta brindis en el banquete a los
Delegados del Congreso Internacional de Estudiantes, en el
Bosque de Chapultepec; una conferencia en el anfiteatro de
la Escuela preparatoria de la Universidad, sobre el origen de
las *Sonatas,* mencionando como fuente de la *Sonata de Estío,* en determinado episodio, la novela mexicana *Los bandidos de Río Frío...* Escribió algunos versos circunstanciales, sin
que faltase el epigrama contra el español encomendero ni
la despedida de intención política:

---

(1) *Los dos caminos,* pág. 78.

¡Adiós! te digo, indio mexicano.
¡Adiós! te digo, mano en la mano...

La Revolución mexicana impresiona fuertemente a Valle-Inclán. La rusa tiempo hacía que le trabajaba el ánimo. Alguna vez, buscando el empalme con su tradicionalismo de otros días, gustó de recordar una frase harto conocida de Carlyle: "La Historia es la biografía de los grandes hombres." A lo que añadía Valle-Inclán, muy convencido de haber dado en el *quid:* "En el siglo xix la Historia de España la pudo escribir Don Carlos; en el siglo xx la está escribiendo Lenín." Entre uno y otro hombre él descubría, forzando razones y pretextos, un punto de contacto que le bastaba. Los · dos iban contra el liberalismo parlamentario, en cuyo menosprecio realmente era consecuente D. Ramón. Qué cosa habría de sustituir al régimen liberal no le importaba tanto como la acción misma de hundirlo. Respecto a Méjico, reconocía Valle-Inclán en Alvaro de Obregón una personificación a la española de su doctrina del héroe. Tratábase, en efecto, de un gobernante a la vez que guerrillero, valeroso, intuitivo y autoritario, muy dado a la improvisación. Valle-Inclán reconocía en la sangre del Presidente Obregón a la de su propia casta. Se indispuso Valle-Inclán durante su estancia en Méjico con la colonia española, en la que figuraban terratenientes perjudicados por la Reforma Agraria. En cien millones de pesos se cifraba, poco más o menos, la cantidad reclamada por aquéllos a título de indemnización. "No debe pasar de seis millones", objetaba Valle-Inclán en conversaciones públicas o privadas, según su cálculo personalísimo. El Presidente Obregón le dedicó su libro *Ocho mil kilómetros de campaña,* que serviría a Valle-Inclán en adelante para documentar de algún modo sus apologías del Méjico revolucionario. También le dió Obregón su retrato, que Valle-Inclán, vuelto ya a España—diciembre de 1921—, no dudó en colocar con los de Don Carlos y Don Jaime en el Walhalla de la consola de su salón. A poco nace el hijo, a quien hará bautizar con el nombre de Jaime. Todavía le atrae el santoral de los tradicionalistas.

Nada hizo Valle-Inclán en Méjico—¿habrá que decirlo?...—por ganar dinero, y al regreso halló agravados los problemas de su más que nunca comprometida economía. Había sido preciso vender el ganado y las cosechas de cualquier manera, liquidarlo todo, dejar La Merced y rehacer la vida en la casa que al efecto alquiló Josefina en el pueblo mismo, en Puebla del Caramiñal. Apenas repuesto, marchó Valle-Inclán a Madrid para arreglar su situación editorial, ya que su ruptura con la Sociedad General Española de Librería le obligaba a otras negociaciones, logrando al cabo entenderse con Renacimiento. Dió una conferencia en el Ateneo para airear sus impresiones de viajero, tronando contra los "gachupines", y fué agasajado con animado banquete, que hubo de celebrarse—1.º de abril de 1922—en Fornos. La convocatoria, autorizada por muchas firmas, con la de Unamuno en primer término, hacía constar que por vez primera se rendía homenaje público a D. Ramón. "Las Academias, esas fábricas donde se expenden patentes de efímera inmortalidad—se lee en el documento—, le hacen la cruz como al diablo; los grandes Coliseos, celosos del abono y de las instituciones, le dicen gitanescamente: "¡Lagarto! ¡Lagarto!" La prensa periódica, con muy raras excepciones, teme que la castiza desnudez de su lenguaje haga sonrojar a la máscara tartufa de sus lectores; la general sordidez e hipocresía de las Casas editoriales le han obligado a erigirse en editor de sí mismo; por no ser oficialmente nada, ni siquiera ha sido diputado..." Tanto le satisfacía este tipo de elogios, que hasta pudiera sospecharse que el propio Valle-Inclán los había sugerido al redactor de la convocatoria. A los postres del banquete habló Unamuno. Seguidamente Valle-Inclán, que consideró oportuno responder a la acusación de plagio que años antes le hiciera Julio Casares en *Crítica profana*. "Si aproveché unas páginas de las *Memorias* del caballero Casanova en mi *Sonata de Primavera* fué para poner a prueba el ambiente de mi obra. Porque de no haber conseguido éste, la interpolación desentonaría terriblemente. Shakespeare puso en boca de su Coriolano discursos que tomó de historiadores de la Antigüedad, y el acierto de la tragedia se comprueba en que, lejos de rechazar tales textos ajenos, los exige. Pongan ustedes en cualquiera de los dramas históricos que ahora se estrenan palabras o documentos de la época y ya verán cómo les sientan..." (1). Insistió Valle-Inclán, una vez más, en que era escritor "por que no podía ser otra cosa", y terminó diciendo que el sino de los intelectuales españoles era idéntico al de los gitanos: "vivir

_____

(1) Análogas consideraciones volvió a hacer multitud de veces, y de ellas queda testimonio escrito en el artículo "El día de don Ramón del Valle-Inclán", publicado en *A B C,* 3 de agosto de 1930.

perseguidos por la Guardia Civil". El tono subversivo a que se ajustó el brindis de Valle-Inclán era el dominante en aquellos precisos días: desde el desastre de Annual hasta el advenimiento de la Dictadura. Fué asimismo significativa en el banquete a Valle-Inclán la concurrencia de escritores viejos, los ya veteranos del 98, y de los jóvenes que acababan de llegar a la vida literaria entre el tumulto del "ultraísmo".

No todos de estos últimos, en su prurito de considerarse primeros pobladores de un mundo poético, llegaron a reconocer lo que debían a las exploraciones de Valle-Inclán. Eran ajenos a esta influencia los escritores de mayor pureza lírica, formados en otros magisterios: en Juan Ramón Jiménez, en Ramón Gómez de la Serna, en el vanguardismo francés... Pero los poetas que manipulaban en sus versos elementos descriptivos, dramáticos o satíricos no pudieron evitar que sus composiciones acusaran el ascendiente de Valle-Inclán. Es el caso, *verbi gratia*, de Mauricio Bacarisse, en *El esfuerzo* y en *Mitos;* de Federico García Lorca, en algunos aspectos de sus farsas teatrales y de *Romancero gitano;* de Antonio Espina, que en *Signario* comunica a sus versos giros aprendidos seguramente de *La pipa de kif,* como se advierte en esta caricatura:

> El del frac verde,
> chistera y bastón,
> al máscara blanco
> le dió un puñalón.
> Sangre y harina,
> cirio y bombón.
> ¡Yo la tragedia
> la veo en cartón!...

Un original más dió Valle-Inclán a *La Pluma: Cara de Plata,* que insertó dicha revista (1) en 1922. *Cara de Plata* es una "comedia bárbara" rezagada, no obstante ser la primera de la serie en el orden lógico y cronológico de la acción. "Cara de Plata" apodan a Miguel Montenegro, uno de los hijos de D. Juan Manuel. Se distingue de sus hermanos —"caídos en picardías de chalanes"—por su atractivo personal y algunos destellos de virtudes ancestrales. Ya intervino en las otras dos *Comedias bárbaras* y en *Los cruzados de la Causa;* pero ahora gana un puesto preferente en la composición. Se afirma en Miguel Montenegro una casta que armoniza bien con el carácter acentuadamente regional de la obra, concluyendo de perfilar el tipo algún rasgo de héroe celta sobre fondo de balada: "divino de luna el yelmo de sus cabellos y el hacha en el brazo desnudo, negra centella". De una cuestión de derecho—cosa rara en Valle-Inclán— arranca el asunto. Pero la servidumbre de paso que grava el dominio de Lantañón a beneficio de los intereses comunales, no importa, claro es, al autor desde un punto de vista jurídico, sino en lo social e histórico, por cuanto se enfrentan un concepto feudal de la propiedad y un sentimiento popular de la justicia. "¡Casta de soberbios! El fuero que tienen pronto lo perdían si todos nos juntásemos. ¡No es más tirano el fuero del Rey!", exclama Pedro Abuín, una de las voces de resonancia medieval a que Valle-Inclán otorga la representación de los agraviados por el señor de Lantañón. Y replica

---

(1)  Números de julio a diciembre de 1922.

otro que tal, Sebastián de Xogas: "Ya hubo reyes que acabaron ahorcados." Pero arguye un tercero, Ramiro de Boalo: "En otras tierras." El coro se cierra con esta imprecación de Manuel Fonseca: "¡Montenegros! ¡Negros de corazón!" He aquí el drama que presta fondo a las tres *Comedias bárbaras,* pero que extrema su sentido social en *Cara de Plata,* por la sugestión del momento revolucionario que Valle-Inclán comienza a vivir. Pero toda intención de cierto género se disuelve en el superior designio literario, y la pluma de su uso más constante es la que Valle-Inclán maneja para desarrollar artísticamente el argumento y distribuirlo en las escenas de campo y pazo a que tantas veces le llevó su gusto. Con renovado vigor pinta, por ejemplo, un cuadro de género tan vivo como el de la feria de Viana del Prior. Y dando dramático relieve al rapto de Sabelita, a la rivalidad de don Juan Manuel y su hijo y al enloquecimiento del irritado Abad, llega, entre conjuros demoníacos, a la violencia del desenlace, inspirado en un suceso de que fué realmente protagonista el antepasado de Valle-Inclán que le sirvió de modelo para hacer su D. Juan Manuel.

De acuerdo ya con la Sociedad Editorial Renacimiento, le fué dado a Valle-Inclán publicar el libro *Cara de Plata,* que apareció al finalizar 1923, y asimismo *Luces de bohemia,* lanzado en junio siguiente. Desde octubre guardaba cama en su casa de La Puebla del Caramiñal; pero enfermo y todo, no dejó de seguir las primeras incidencias del período histórico que acababa de abrir el General Primo de Rivera. El antimilitarismo de Valle-Inclán, por lo mismo que reciente, nada gastado todavía, le llevó a definirse en contra de la Dictadura. "Lo malo es—dijo alguna vez—que coincide conmigo Blasco Ibáñez..." La necesidad de que le fuese operado un tumor de vejiga motivó la instalación de Valle-Inclán en el sanatorio del doctor Villar Iglesias, en Santiago. Al dársele de alta en julio volvió a Madrid, con vehemente afán de desquite a tan prolongado aislamiento, echando leña al fuego de las murmuraciones que ya ardían contra el Gobierno de Primo de Rivera en las tertulias del Regina, de La Granja El Henar, del Liceo de América. Ramón Gómez de la Serna hubo de comentar en *Nuevo Mundo* (1), el regreso de Valle-Inclán: "Don Ramón—decía—tiene que perorar aún mucho, peripatético, andariego, incansable, como embozado y ceñido en el brazo que le falta, con alarde de barco de vela, que lleva en su hombro el timón y en la otra mano toda la fuerza de la dirección y del arriar y desplegar velas. Ha vuelto a Madrid curado, animoso, declamador de una sola mano, mostrándonos su extraña cabeza estriada, ceniciente, como si estuviese espolvoreada por el recuerdo de todos los miércoles de Ceniza. El pájaro herido en un ala que es Valle-Inclán, escapado a la trampa de las sábanas del sanatorio, vuelve a ser ese Covarrubias en rebeldía de los viejos principios... El lírico basilisco que durante muchos días se ha consumido en la cama de la clínica—¡le hubiera ido tan bien la estancia en uno de aquellos viejos hospitales de peregrinos!—arrojó ya lejos de sí la camisa, medio de loco, medio de herido, que vis-

_____

(1) "El escritor en la enfermería." Artículo publicado en el número correspondiente a 18 de julio de 1924.

te el enfermo de sanatorio y vuelve emprendedor a celebrar las justas literarias, en que lucha con los personajes de sus novelas en lid amistosa, con un sentido de verso vertido y desparramado por la prosa, como esas sartas de perlas a las que se les rompió el hilo, pero que siguen siendo collar aún en la bandeja en que se remansan."

Ya había hecho circular Valle-Inclán desde Galicia una carta explosiva con motivo del confinamiento en Fuerteventura de Unamuno. Se prometía D. Ramón muchos desahogos análogos, orales principalmente. Todo se le iba por la boca, y dando suelta a su infatigable locuacidad, D. Ramón se sentía contento de volver a la salud y al corro de los amigos, contento también de la gran novedad de veranear en Madrid. Le gustaba el calor, y, por otra parte, despoblada la capital, la señoreaba más a su placer: los cafés recibían al más conspicuo animador de tertulias con todas las puertas abiertas, y las verbenas le envolvían en sones, colores y aromas. Le alegraba asimismo la copiosa obra literaria que había ultimado en pocos meses: *La rosa de papel* y *La cabeza del Bautista*, ambas de traza escénica, aparecidas en *La Novela Semanal*—22 de marzo de 1924—, y dos novelas grandes, pendientes aún de publicación: *La Corte Isabelina*, inicial de una nueva serie, y *Tirano Banderas*. Mucho le satisfacía también a D. Ramón que el contrato con Renacimiento le permitiera salir de su doble atasco—literario y económico—y volver a establecerse en Madrid, como lo hizo en el invierno de 1924 a 1925, alquilando un buen piso en la casa número 12 de la calle de Santa Catalina, propiedad del Ateneo.

De las dos obras representables que Valle-Inclán publicara en *La Novela Semanal* sólo una logró nacer a la luz de las candilejas: *La cabeza del Bautista*, superior en calidad literaria y dramática a *La rosa de papel*, farsa esta última de tonos violentos, situada en una fragua, donde agoniza y, al fin, muere, la mujer del herrero, que es además orfeonista y barbero de difuntos. Este hombre—"con tos de alcohólico y pelambre de anarquista"—, ebrio de aguardiente, avaricia y lubricidad, cae, dando traspiés, sobre el cadáver y derriba un cirio que prende fuego a todo. "Simeón Julepe, entre las llamas, abrazado al cadáver, grita frenético. Las mujeres retroceden aspando los brazos. Toda la fragua tiene un reflejo de incendio." No cabe mayor *Gran Guiñol*.

Como los personajes de *La rosa de papel*, también los de *La cabeza del Bautista* se disfrazan con la máscara de lo grotesco, sólo que el cartón en este caso modela mejor que en el otro las formas propias del ser vivo. "Tiene un rictus de fantoche triste y hepático", dice el autor de uno de sus personajes, Don Igi el Indiano, y por algo llama Pepona a otro, manceba de aquél. Pero no pronuncian estos muñecos palabra en que no aflore una profunda—y horripilante, por cierto—verdad humana. Llegado el momento en que la Pepona grita: "¡Flor de mozo! ¡Yo te maté cuando la vida me dabas!", con sus labios febriles sobre los del Jándalo —tercer personaje del siniestro episodio, que perece en estratagema tan repulsiva como el chantaje que intentara—, lo de menos es la relación literaria que fácilmente llegamos a establecer con la *Salomé*, de Oscar Wilde, cuya evocación facilita el título mismo de la obra. Lo importante es la sencillez e intensidad de la situación y la sorprendente cuanto eficaz viveza con que se allegan los antecedentes necesarios para justificar, tras la fulminante intriga, el sádico desbordamiento final. La obra es muy breve, una sola jornada. Pero en ninguna escena del teatro de Valle-Inclán probablemente hallaremos un patetismo comparable al que se obtiene en *La cabeza del Bautista,* con tan extremada y sabia tasa de recursos. Hubo ocasión en que *La cabeza del Bautista* realizara plenamente su ceñida plástica teatral, puesto que la compañía dirigida por Enrique López Alarcón la llevó a escena, reponiendo al mismo tiempo *Cuento de abril.* Por primera vez se representó este programa en el teatro del Centro, de Madrid, el 17 de octubre de 1924, y asumieron los tres papeles principales de la obra que se estrenaba la Sra. Gil Andrés, Alfonso Tudela y Alfredo Gómez de la Vega, respectivamente. Gustó mucho *La cabeza del Bautista* a la actriz Mimí Aguglia, muy inclinada, por las predilecciones granguiñolescas de su repertorio, a la truculencia de esta "novela macabra", según la llamó su autor, antes de clasificarla como "melodrama para marionetas", al incluirla tres años más tarde, con *La rosa de papel* y otras piezas de semejante carácter, en el volumen intitulado *Retablo de la Avaricia, la Lujuria y la Muerte.*

Mimí Aguglia estrenó *La cabeza del Bautista* en el teatro Goya, de Barcelona, el 20 de marzo de 1925, con asistencia de Valle-Inclán. Los catalanes habían olvidado, si es que alguna vez las tuvieron en cuenta, determinadas alusiones de

D. Ramón: lo del "gusto bárbaro y catalán", en *El yelmo de las almas,* por ejemplo; lo del "paño catalán", que se vuelve amarillo, en *La pipa de kif;* el juicio aquel estampado en el prefacio al Catálogo de una Exposición del pintor Echevarría: "Cataluña, nutrida de espíritu mercantil, toma su bien donde lo encuentra; levantina y fenicia, contrabandea, y da por frutos de la propia Minerva las versátiles modas de París..." Nada de esto pesaba demasiado en la memoria o en el conocimiento públicos, puesto que Valle-Inclán fué acogido en Barcelona con una cordialidad que ni aun aproximadamente había conocido ningún otro gran escritor de lengua castellana. O, mejor dicho, con más propiedad si cabe que nunca, lengua española. Porque Valle-Inclán venía infundiendo a su idioma una extraordinaria virtud de absorción. "Tres romances—había dicho en *La lámpara maravillosa*—son en las Españas: catalán de navegantes, galaico de labradores, castellanos de sojuzgadores. Los tres pregonan lo que fueron, ninguno anuncia el porvenir." Juicio que implica el absurdo de ignorar, por modo inexcusable, la primacía del castellano o español desde cualquier punto de vista. Pero útil, por cuanto ayuda a explicar el estilo de Valle-Inclán en lo que tiene de aspiración a integrar todas las hablas hispánicas. Este propósito acababa de culminar en el todavía inédito *Tirano Banderas.* Como, además, Valle Inclán tenía una baraja de las opiniones más diversas, el naipe que en definitiva jugaba sobre el tapete de la llamada cuestión catalana era el representado por una frase que cada vez repetiría más: "Cuatro grandes pueblos cabe distinguir en el seno de las Españas, en correspondencia con los cuatros términos de la división que fijó Roma. A saber: Tarraconense, Bética, Lusitania y Cantabria." Un grupo de escritores y artistas obsequió con una comida a D. Ramón en *El Canari de La Garriga*, taberna de la calle de Lauria, que decoraba a la sazón Xavier Nogués. Y terminado que fué el banquete todos los comensales se trasladaron a la Maison Dorée para sumarse a la tertulia de Santiago Rusiñol. Curioso careo el de dos personajes tan representativos de la bizarra generación que había vivido el difícil quiebro de dos siglos. Valle-Inclán y Rusiñol, de muy literarias barbas, como correspondía a tiempos en que las gentes gustaban de hacerse una "cabeza"; Valle-Inclán, fakir y guerrillero; Rusiñol, fauno y trovador.

Otro viaje hizo Valle-Inclán en 1925: a Burgos, con el fin de inaugurar el curso de conferencias organizado por el Ateneo Burgalés. El acto se celebró en el teatro Principal; D. Ramón—vestido de frac—disertó sobre *La literatura nacional española,* y abundaron las alusiones hostiles a la política dominante. Nadie le fué a la mano y pudo ilustrar tranquilamente su estancia en la cabeza de Castilla con una excursión a Covarrubias y Santo Domingo de Silos, más alguna otra. Los frailes del Monasterio Benedictino le vieron hacer al entrar la señal de la Cruz. Reintegrado Valle-Inclán a Madrid continuó dando su mitin contra la Dictadura del General Primo de Rivera dondequiera hallaba un auditor, y bastante decepción experimentaba por que su incontinencia verbal no le hacía merecer sanción alguna, quedando chasqueadas sus aspiraciones al convencional nimbo del persegui-

do. Don Ramón hizo a este propósito todo lo que podía...
Cuando, por no sentarse junto a un General del Directorio,
abandonó, con humos de reto, el salón del madrileño Hotel
Nacional, donde se rendía un homenaje al catedrático de Buenos Aires doctor Mario Sáenz, creyó que sería detenido y se
fué a la Granja El Henar en espera del policía que hubiese
de prenderle. Pero no... Algo más intolerable hizo dos años
después, publicando en *La Novela Mundial*—número de 28
de julio de 1927—un esperpento, que acentuaba en el peor de
los sentidos las características del género. *La hija del capitán*—que así se titulaba—venía a ser un sainetón bufo, que
en alguno de sus momentos parecía derivar en "tragedia grotesca" a lo Arniches o en "astracanada" a lo Muñoz Seca;
pero dominado en todo instante por una aviesa intención
contra el dictador, su política y sus colaboradores. La Dirección General de Seguridad dispuso la recogida de la publicación y todo quedó en momentáneo revuelo alrededor de los
quioscos y puestos de periódicos. Valle-Inclán verdaderamente no desperdiciaba ocasión de atacar al régimen, y una de
las que quiso aprovechar a toda costa se la deparó un estreno—27 de octubre de 1927—en el teatro Fontalba, donde
actuaba la compañía de Margarita Xirgu y Alfonso Muñoz.
La nueva obra era *El hijo del diablo,* poema dramático en
cinco jornadas, del poeta Joaquín Montaner, que, como secretario del Comité organizador de la Exposición de Barcelona, mantenía con el Gobierno la natural relación. Valle-
Inclán fué al teatro dispuesto a estropear el buen éxito que la
obra pudiese obtener, y apenas lanzada por gran parte del

230

público la primera tanda de aplausos, disparó un rotundo grito: "¡Muy mal!" Hubo espectadores que se volvieron hacia el discrepante para lapidarlo con vivos denuestos. Como si el alboroto no le tocase y ni siquiera le inspirara curiosidad, D. Ramón permaneció impasible en su butaca, y cuando un policía se le aproximó para indicarle que le siguiera a la Comisaría, se levantó y cruzó la sala en plena tormenta, muy seguro de su altivez y de su desdén. Debió de recordar por el camino la comparecencia en el Cuerpo de guardia del Ministerio de la Gobernación de Max Estrella, su personaje de *Luces de bohemia,* y la reprodujo ante el Comisario, poco más o menos con las palabras que asignara a aquél en la situación del esperpento, parecida a la real en que el autor se veía encartado: "Traigo detenido a este policía, que no ha sabido ampararme ante un público que me hubiera linchado..." Y se indignó cuando el Comisario hubo de preguntarle su nombre: "Lo natural sería—replicó Valle-Inclán—que yo se lo preguntase a usted..."

Su costumbre de llamar la atención se había hecho en Valle-Inclán segunda naturaleza, y ni él mismo se concebía sin que su paso o su presencia despertara vivas resonancias. "¡Cosas de Valle-Inclán!", solía decirse ante sus rasgos de independencia personal, sus desplantes, sus bastonazos. Pero jamás fué insolente con el cortés, ni provocó al correcto. Se atemperaba al interlocutor, y por eso le perjudicaron las tertulias de café, moldes, por lo común, de atroces deformaciones. En diálogos más o menos confidenciales descubría don Ramón una tierna entraña sentimental, una especie de timidez o de pudor, con lo que no contaban quienes le oían en el café opiniones de implacable dureza, de deslenguado ímpetu. Bien es verdad que la mayoría de sus contertulios iba a eso: a tirarle de la lengua. El plano oblicuo por el que rodaba la vida pública española había situado a Valle-Inclán en grupos que ya no eran propiamente literarios y artísticos, como los del buen tiempo del Nuevo Levante, sino políticos en el peor sentido. Las "peñas" de la Granja El Henar y del Regina aumentaban con imprevistas anexiones: republicanos y socialistas de profesión, aprendices de conspirador, estudiantes de la F. U. E., algún militar sin conciencia de su uniforme, etc. Los amigos que se sentían extrañados u hostiles a la orientación revolucionaria de unas tertulias que proyectarían sombra terrible sobre la Historia contemporánea, acabaron por alejarse. Valle-Inclán mismo se esforzaba por hacer constar que él, con su antidictatorialismo, no le hacía el juego a nadie. Preguntado una noche por qué no había asistido a ninguno de los banquetes con que se conmemoró el 11 de febrero, replicó, muy picado, inquiriendo a su vez: "¿Y quién le ha dicho a usted que yo soy republicano?" Sin embargo, queriéndolo o no, contribuyó a la formación del ambiente que la República precisaba para ir echando las raíces cuyo descuaje ha necesitado de tanto esfuerzo bélico y heroico.

Determinados incidentes sobrevenidos en el Palacio de la Música, de Madrid, a principios de abril de 1929, motivaron unas sanciones—¡al fin!—, entre las que figuraba una multa impuesta a Valle-Inclán. No era cosa de desperdiciar la oportunidad que se le ofrecía de pasar por la Cárcel si no pagaba la multa. Así lo decidió, y, en su virtud, tuvo que cumplir un arresto de quince días en la Cárcel Modelo: desde el 10 al 25 de abril exactamente. En la ficha penitenciaria constan los datos que a su ingreso dió Valle-Inclán: "Edad, cincuenta y nueve años; profesión, escritor; instrucción, sí; religión, católica..." El lance está ejecutoriado en una nota oficiosa que abona indudablemente en el General Primo de Rivera su certero e intuitivo conocimiento y su benigna condición: "También ha dado lugar el eximio escritor y extravagante ciudadano Sr. Valle-Inclán a la determinación de su arresto, porque al negarse a satisfacer la multa de 250 pesetas que le había sido impuesta por infracción gubernativa, con el ánimo de evitarle privaciones de la libertad, ha proferido contra la autoridad tales insultos y contra todo el orden social establecido ataques tan demoledores que se ha hecho imposible eximirle de sanción, como era el propósito..." Nadie hubiese reconocido en el iracundo demagogo al mismo hombre que, con diferencia de pocos meses, en aristocrática casa de Madrid besaba la mano, con ejemplar cortesanía, de doña Berta de Rohán, viuda de Don Carlos de Borbón, dama que había mostrado deseos de conocer al autor de las *Sonatas* y de *La guerra carlista*.

Volviendo al teatro de marionetas que Valle-Inclán quiso siempre hacer —ya apunta el propósito en su lejana *Reina de Dalicán*—, conviene registrar la coincidencia del estreno en Madrid de *La cabeza del Bautista* con la actuación en la Zarzuela del Teatro dei Piccoli, bajo la dirección de Vittorio Podreca, su creador. A la vista de este depurado espectáculo, Valle-Inclán confirmó la teoría que se había hecho sobre el particular, influída—razones de pura estética aparte—por su animosidad contra empresarios y cómicos, ya que los muñecos le daban la única fórmula posible para libertarse de aquellas mediaciones. Los intérpretes quedaban automáticamente substituídos por el deshumanizado mecanismo de las marionetas, y hasta podría él mismo, a no mucha costa, erigirse en gestor del negocio teatral. También era antiguo y sostenido su interés por los teatros de Arte o de Cámara, ya que le facilitaban otra manumisión: la del público industrializado, tirano de carteleras y repertorios. Ya en la primavera de 1921 había dirigido D. Ramón algunos ensayos de las funciones que proyectaba el cuadro artístico de la Escuela Nueva, Sociedad intelectual de raíz marxista. Este grupo de aficionados había obtenido tal éxito con la representación de *El enemigo del pueblo,* de Ibsen, que le movió a organizar un abono, constituído por la representación en el Ateneo de nuevas obras, que Valle-Inclán dirigía en su postura escénica hasta el final, si no hubiese tenido que hacer uno de sus viajes a Galicia. Pero en 1926 discurrieron los Baroja el teatro que se llamaría El Mirlo Blanco, y que instalaron en el comedor de su casa, Mendizábal, 34. Al esfuerzo de los fundadores—Ricardo, sobre todo—unió D. Ramón su propio afán de animador. La primera función se celebró el 8 de febrero de aquel año, con arreglo al programa, compuesto por el prólogo y el epílogo de *Los cuernos de Don Friolera;* un cuadro dramático de Ricardo Baroja, *Marinos vascos,* y un apunte, de melancólico acento, *Adiós a la bohemia,* de Pío

Baroja. Otros ejemplares de teatro viejo o nuevo, pero difícilmente accesibles a los escenarios de tipo normal, encontraron vida adecuada sucesivamente en El Mirlo Blanco, subtitulado "Teatro de Cámara de Carmen Monné de Baroja", en atención a la señora de la casa, que colaboraba, en materia de decoración e indumentaria, con su marido y su cuñada Carmen Baroja de Caro. Se representaron, entre otras obras, y además de las ya citadas, estas otras: *Miserias comunes,* del norteamericano O'Henry; *Arlequín, mancebo de botica o Los pretendientes de Colombina,* de Pío Baroja; *El viajero,* del novel Claudio de la Torre, escritor de finísima pluma; *Eva y Adán,* de Edgar Neville, novel también; *El gato de la Mère Michel,* de Carmen Baroja de Caro... Valle-Inclán dió una obra nueva: *Ligazón,* que se estrenó el 8 de mayo. Josefina Blanco participó en la interpretación.

*Ligazón* es un "auto para siluetas", en el que se recortan, efectivamente, cuerpos y espíritus, con línea muy neta, sobre un fondo de claro de luna. Una mozuela y un galán conjugan la breve acción, interviniendo una madre Celestina, que en vano trata de servir la rijosidad de un jaque rico. El galán que gana la partida es precisamente un afilador que sabe mucho de caminos, con el "negro trebejo sobre los hombros": artilugio que "perfila su rueda con rara sugestión de enigma y azares". Jugando a hacer del comedor de los Baroja un *Vieux Colombier,* se consumieron unas cuantas veladas, que hubieron de reproducirse, en parte, al verano siguiente en el teatro de Irún. Pero D. Ramón había trazado al desarrollo de El Mirlo Blanco líneas más largas y exigentes; desglosó algunos elementos, y ya por su cuenta y riesgo, organizó un nuevo espectáculo, que llamó primero Ensayos de Teatro, y en seguida El Cántaro Roto, presentado al público el 19 de diciembre de 1927, en el teatrito del Círculo de Bellas Artes, de Madrid. Abrieron la primera función unas palabras, con visos de conferencia, a cargo de Valle-Inclán, y se representaron seguidamente *La comedia nueva, o El café,* de Moratín, y *Ligazón.* Dos o tres obras se montaron también en días sucesivos: *El paso de las aceitunas,* de Lope de Rueda, y *El café chino,* del mejicano Eduardo Villaseñor, que ya había sido puesto en El Mirlo Blanco. Llevaba El Cántaro Roto en la alegoría de su título su propio destino, y la empresa no fué más allá. Una representación burlesca del *Tenorio,* en casa de los Baroja, cerró el ciclo de estos conatos. Amenizó Valle-Inclán el despreocupado pasatiempo con la interpretación del papel de Doña Brígida: mayor despropósito no cabía. Y el drama de Zorrilla no pasó del segundo acto, entre carcajadas, canciones a coro y regocijado barullo.

En realidad, quería D. Ramón crear algún día un teatro que mejorase el gusto existente: un teatro que tanto fuese Museo como laboratorio. Pero soñaba también con hallar en éste o en aquel escenario la clave económica de su vida. Haciendo teatro es como únicamente podía ganar dinero. Pero tenía que ser con la condición de que él realizase sin cortapisas su personalísimo criterio. En este sentido no admitía posibilidad alguna de concesión. Pero no era tan desinteresado que le fuese fácil renunciar a las cosas que el dinero pudiera proporcionarle. El desinterés de Valle-Inclán se ofrecía matizado por el orgullo y además por la negligencia. Hasta 1928 no inscribió sus obras en el Registro de la Propiedad intelectual. No previno nunca la garantía de sus derechos—tal vez por creerse dueño en todo caso de su razón—, y se habría considerado en situación de inferioridad si alguna vez regatease en cuestiones de dinero. En sus tratos y contratos pretendía siempre Valle-Inclán imponer sus condiciones, y si sobrevenía el choque, lejos de tender don Ramón a transacciones ventajosas, optaba por la ruptura con todas sus consecuencias; el señorío que llevaba en la masa de la sangre le hacía violento, despreocupado y generoso. Pero luego sentía, como cualquiera, el estrago de sus descuidos, de sus arbitrariedades o de aquella liberalidad suya que tantas veces le llevó a desprenderse de un último duro en beneficio de un necesitado. Mientras encontraba otro duro para él y los suyos, su siempre despierta fantasía y su jamás achicada capacidad de ilusión, le entretenían puerilmente. Era entonces cuando planeaba fantásticos negocios.

Una vez que sonó la hora de reñir con Renacimiento tuvo Valle-Inclán que proveer a la necesidad de convertirse en editor de sus libros. Por lo pronto, lanzó—primavera de 1926—un volumen, en el que se agrupan, bajo el título de *Tablado de marionetas para educación de Príncipes,* tres farsas ya conocidas: *La enamorada del Rey, La cabeza del dragón* y *La Reina castiza.* No acabó el año sin que Valle-Inclán diese a luz, en libro que constituía el tomo XVI de *Opera Omnia,* el muy esperado *Tirano Banderas.* En 1927 apareció *La Corte de los milagros,* iniciación de la nueva serie que había imaginado Valle-Inclán bajo la rúbrica general de *El ruedo ibérico,* y a los pocos meses, dentro del mismo año, publicó *El retablo de la Avaricia, la Lujuria y la Muerte,* compuesto por cuatro obras reimpresas: *Ligazón, La rosa de papel, El embrujado* y *La cabeza del Bautista,* más un nuevo "auto para siluetas" titulado *Sacrilegio,* cuento de ladrones en Sierra Morena. Entretanto continuaba el forcejeo con Renacimiento para liquidar los derechos sobre los libros que dicha Editorial retenía en depósito. Zanjada favorablemente la cuestión y un tanto escarmentado del mal asunto que era editarse a sí propio, Valle-Inclán obtuvo—en agosto de 1928—de la Compañía Ibero-Americana de Publicaciones el mejor contrato de su vida profesional: 3.500 pesetas mensuales a cuenta de la liquidación anual. Se mudó a un lujoso piso bajo de la casa número 9 de la calle del General Oráa, y abanderado ya por la C. I. A. P., dió en octubre el tomo segundo de *El ruedo ibérico,* no rotulado, por cierto, como pensó en un principio, *Secretos de Estado,* sino *¡Viva mi dueño!* Copiosa y rica labor que Valle-Inclán no habría podido realizar si no dispusiera, en compensación al derroche de horas en calles y cafés, de un numen en constante borbotón.

## 19

## "TIRANO BÁNDERAS"

A fines de 1926 nació *Tirano Banderas,* en libro que contaba de antemano con el cálido ambiente que le habían preparado algunas lecturas del original, por su autor, en devoto círculo de amigos—cosa que Valle-Inclán no acostumbraba a hacer—y la anticipación de los primeros capítulos en *El Estudiante,* revista que empezó a publicarse en Salamanca —6 de diciembre de 1925—y que algo después hubo de establecerse en Madrid. *Tirano Banderas* dejó de aparecer, página a página, en *El Estudiante,* cuando esta revista murió, en mayo de 1926. Existían, pues, datos más que suficientes para que el público estuviese apercibido de que en *Tirano Banderas* presentaba el arte de Valle-Inclán una fisonomía nueva y en cierto modo desconcertante. Esta impresión de novedad provenía, sobre todo, del lenguaje, y así pasaba que el lector habitual de Valle-Inclán, atraído siempre por expresiones de muy fácil acceso, se tropezaba en *Tirano Banderas* con un muro de palabras tan coloreadas y vivas como las de antes, pero cerrado, en gran parte, al paso de quienes no conocieran el vocabulario propio de las formas dialectales que la lengua española ha creado en América. Dijérase que inspiraba a Valle-Inclán, en su designio de lograr un idioma que correspondiese fielmente al vasto imperio de Cervantes, algo del pensamiento político y social que justamente por entonces formulaba el mejicano José Vasconcelos en su libro *La raza cósmica,* iluminado por la fe en el destino étnico de los iberoamericanos, según un proceso—bastante equívoco—de integración histórica, por el cual se funden el conquistador o el emigrante con el maya o el quechua, hasta llegar a la unificación de tipos y de culturas en una "quinta raza" universal.

Valle-Inclán, en *Tirano Banderas,* no quiere tanto, ni le importa, porque su interés no estriba en la fabricación de una lengua que venga a ser otro esperanto; ni le afectaban los problemas que pudiera plantear, más o menos forzadamente, una filosofía de la Historia sobre la base de un criterio racista. Valle-Inclán pretende sólo—y ya es empresa de notable porte—enriquecer el habla castellana con todas las aportaciones posibles de Hispano-América, ampliando considerablemente el ensayo que ya hiciera en relación con el lenguade galaico. Hacia un idioma imperial, determinado por la fuerza absorbente y creadora del castellano, marcha *Tirano Banderas,* y es característico de su lenguaje y estilo—aparte un examen a cargo de filólogos—la postergación de las formas cultas respecto a las expresiones populares y aun a las jergas del suburbio o del arroyo, que son ciertamente las más necesitadas de tomar el estado literario a que puedan ser acreedoras. Esta actitud de salvación lingüística por la gracia del arte ya apuntó en algunas páginas de las *Comedias bárbaras,* y más extensamente en los *Esperpentos.* En *Tirano Banderas* el punto de vista es de mayor alcance y se desarrolla más sistemáticamente. Bien es verdad, que todo lo inmediatamente anterior se desenvuelve con máxima amplitud en *Tirano Banderas,* que no es en puridad sino otro esperpento, el primero de ellos sin duda, ya que siguiendo los mismos caminos que son propios de tal modalidad, Valle-Inclán llega hasta la cima del acierto, y es innegable que el modo esperpéntico de ver el mundo cuenta muchó más que la simple morfología novelesca, en esta "novela de Tierra Caliente", subtítulo de *Tirano Banderas.* Una Tierra Caliente donde se mezclan palabras típicas o genuinas de Méjico, de Buenos Aires, de La Habana, de Lima... Y de Madrid o Sevilla también. Por lo que hace a Méjico, no tardó Victoriano Salado Alvarez en objetar severa y autorizadamente al libro de Valle-Inclán. No poco tienen de seguro que decir sobre *Tirano Banderas* los expertos en las disciplinas científicas del lenguaje y concretamente en el estudio de los retoños dialectales del castellano en América, pues al tomar Valle-Inclán unas u otras voces no cuida con demasiado escrúpulo de mantenerlas en su pristina acepción. Pero, con un criterio estético, no cabe duda que el idioma en que está escrito *Tirano Banderas,* fuerte y delicado a la vez, siempre expresivo y eficaz, adquiere una riqueza de calidades, una energía, un colorido, una animación vital verdaderamente imponderables.

No se puede desconocer que la diversa extracción de los vocablos que tejen *Tirano Banderas,* por abundar los de uso puramente local—bien o mal usados—, estorba frecuentemente a la clara inteligencia del texto. Pero si es dudoso que un escritor esté obligado a hacerse comprender de todo lector,. es seguro que el lector mismo debe poner de su parte cuanto le sea posible para llegar hasta el autor, que, por la especial condición de su difícil literatura, merezca el esfuerzo. En último término, podrán carecer de sentido lexicológicamente muchas expresiones de *Tirano Banderas* para quien no esté muy versado en hablas hispanoamericanas; pero todas aquéllas y cualesquiera otras rebosan color y componen una prosa que equivale a los atrayentes sarapes mejicanos por su abigarrado cromatismo y dibujo caprichoso. Nadie piense que estos tejidos verbales, vistosos y libres, cuelgan en el aire sin sustentáculo que les dé sentido; la verdad es que ciñen, con perfecta adecuación de formas, el cuerpo de la novela palpitante de vida, evitando que el movimiento se disloque o que la abundancia de líneas borre todo concepto de unidad, como si el autor quisiera hacer del barroquismo una clasicidad nueva. También se asemeja, a grandes trechos, la prosa de *Tirano Banderas* a la ornamentación de las cerámicas que trabajaban indios, cual ese Zacarías el Cruzado, de la propia novela: el que estiliza en el barro "las fúnebres bichas de chiromayos y chiromecas"; el que decora con prolijas pinturas "jícaras y güejas". Pero dentro, ¡qué hervor de realidades, cómo bullen las pasiones!

Ese Zacarías el Cruzado, que acaba de ser aludido, representa el elemento indígena en la composición de América, aparte del Generalito, que a veces—porque no siempre ocurre así—centra la acción y da título a la obra: Santos Banderas, tirano de un país hispanoamericano, que asume caracteres de los demás; hombre taciturno, ladino y cruel. El criollo se personifica en el guerrillero Filomeno Cuevas o en don Roque de Cepeda, revolucionario y teósofo. Los españoles encarnan en figuras, como la del diplomático Barón de Benicarlés—"voz de cotorra y pisar de bailarín"—, que pudo intervenir, por su traza, en la *Farsa y licencia de la Reina castiza;* Don Celestino, el rico, alma de la colonia española, "orondo, redondo, pedante", o el empeñero Peredita. Pululan en *Tirano Banderas* con los citados personajes otros de la más varia laya: el Coronelito Domiciano de la Gándara, el Alcaide Castañón, el "ciego lechuzo" y la "niña fúnebre"; indios, mulatos, chinos, manflotas, tilingos, gachupines, rotos, mayores, caporales y licenciados, con predominio de masas, en un fondo rumoroso de asambleas, tumultos y guerrillas. Hay fondos que Valle-Inclán describe bajo la preocupación del arte nuevo de la post-guerra, como esta visión cubista del circo Harris: "Cachizas de faroles, gritos, manos en alto, caras ensangrentadas. Convulsión de luces apagándose. Rotura de la pista en ángulos..." Sugirió a Valle-Inclán esta interpretación de un tema real probablemente algún grabado de *L'Esprit Nouveau*. Otros cuadros, otros

243

episodios, como el de la fuga del Coronelito, acusan la influencia de la técnica cinematográfica, que denotan asimismo varios pasajes. Hay escenas resueltas con el substantivo vigor que es propio del arte de siempre, como la del Congal de Cucarachita o las del fuerte de Santa Mónica, y, sobre todo, la horrenda del final, en que Banderas, ya perdido, apuñala a una hija suya, loca también, para evitar que, sobreviviéndole, quede a merced de sus enemigos; escena cuya fuente de inspiración brota indudablemente de las Crónicas en que se relatan la vida y la muerte de Lope de Aguirre, recogidas por Serrano y Sanz en sus *Historiadores de Indias*. En la llamada *Relación Hernández*, el espeluznante suceso se refiere en estos términos: "Viéndose solo —Aguirre—, fué adonde estaba su hija con una mujer muy honrada y le dijo: "Encomiéndate a Dios, que te quiero matar." La hija dijo: "¡Ay, padre mío, el diablo os engañó!" "Hija, cata allí aquel Crucifijo y encomiéndate a Dios..." Quiso disuadirle la mujer, quitóle el arcabuz; pero con su daga, Aguirre dió de puñaladas a su hija, quien, encomendándose a Dios, decía: "Basta ya, padre mío", y así la acabó de matar." Y la *Relación Anónima* da versión casi idéntica: "Este —Lope de Aguirre—, al ver que sólo le quedaban cinco o seis soldados, entró en el fuerte diciendo que iba a ver a su hija, porque "cosa que yo tanto quiero no venga a ser colchón de bellacos". Al anunciar su propósito, se le abrazó la hija, diciendo: "No me matéis, padre mío, que el diablo os engañó." El tirano le dió tres puñaladas, dando gritos diciendo: "¡Hija mía!" La sugestión sobre el desenlace de *Tirano Banderas* no puede ser más directa, y a ella responden, con sobriedad y precisión admirables, estas líneas penúltimas:

"Sin alterar su paso de rata fisgona—Tirano Banderas—, subió a la recámara donde se recluía la hija. Al abrir la puerta oyó las voces adementadas:

"—Hija mía, no habéis vos servido para casada y gran señora, como pensaba este pecador que horita se ve en el trance de quitarte la vida que te dió hace veinte años. No es justo quedes en el mundo para que te gocen los enemigos de tu padre y te baldonen llamándote hija del Chingado Banderas.

"Oyendo tal, suplicaban despavoridas las mucamas que tenían a la loca en custodia. Tirano Banderas las golpeó en la cara:

"—¡So chingadas! ¡Si os dejo con vida es por que habéis de amortajármela como un ángel!

"Sacó del pecho un puñal, tomó a la hija de los cabellos, para asegurarla, y cerró los ojos. Un memorial de los rebeldes dice que la cosió con quince puñaladas."

Luego viene la muerte de Tirano Banderas, que sale a la ventana, blandiendo el puñal, y cae acribillado a balazos. Su cuerpo hecho cuartos fué repartido entre Zamalpoa, Nueva Cartagena, Puerto Colorado y Santa Rosa del Titipay; toponimia indistinta de los pueblos hispanoamericanos. Varios países de esta filiación funden y confunden sus diversos elementos en las páginas de *Tirano Banderas;* pero la primacía corresponde, desde luego, a Méjico. No otra es la Naturaleza de que se sirve Valle-Inclán para disponer los escenarios de su novela, y a través de la experiencia mejicana del autor, le llega a éste el conocimiento de los temas que dan al argumento cierto contenido histórico: caudillaje a la americana, banderías políticas, acceso del indio a la propiedad de la tierra, lucha contra los privilegios perpetuados en los descendientes de los primitivos encomenderos o adquiridos por los inmigantes... Estas cuestiones nos emplazan en el Méjico revolucionario que da al traste con Porfirio Díaz. Pero sobre que Tirano Banderas nada tiene que ver en absoluto con aquel dictador que tantas virtudes de estadista hubo de acreditar, otras alusiones o referencias—guerra de España con el Perú, acción política de Castelar, *verbi gratia*—nos transportan a la segunda mitad del siglo XIX, bien entendido que no existe clave alguna de personajes y que ningún suceso de los incorporados a la novela transcribe fielmente los que registra la realidad histórica. Es patente el libre arbitrio de que se vale el autor, política, geográfica y cronológicamente, para cumplir un designio literario de absoluta independencia.

Pero Méjico, transfigurado en sus detalles, se descubre al trasluz en la imaginaria y real Santa Fe de Tierra Firme. Con la autoridad que le otorga su condición de mejicano, un escritor ha declarado: "El lector mexicano ve en *Tirano Banderas* desde Usamacinta y la laguna de Tamiahua hasta Xochimilco; desde Veracruz hasta Puebla; desde Querétaro hasta Colima. Pero todo lo ve, no según él lo conoce, sino como podría agruparlo en la pantalla, en busca de grandes valoraciones de color típico acumulado, un productor cinematográfico de genio, un productor a lo Chaplín: la mansión presidencial incrustada en el ex convento; la plaza de Armas, pululante de indios ensabanados y estridente de charanga y quiosco; las calles y paseos vagamente bordeados de nopaleras y magueyes; en el centro, callecitas, travesías y portales de la época colonial; en los alrededores, mar, médanos, acequias, sauces, palmeras, canales en cuyas canoas bailan los indios la danza de los matachines, y por encima de todo, dominando el "pueril ajedrezado de las azoteas"—tablero de casas chatas—, las cúpulas de azulejos, el quieto volar de los zopilones y el cielo con inmensidades de color y de luz" (1).

Bien se sabe que no es ésta la primera vez en que Valle-Inclán trata temas mejicanos. Pero entre el autor de *La Niña Chole* y el de *Tirano Banderas* media la carrera ascensional del escritor que va acreciendo y depurando su virtud creadora. *Tirano Banderas* es, ciertamente, harto distinto a las obras anteriores de D. Ramón; pero todas las asimila en un orgánico proceso de superación. No es difícil hallar en *Tirano Banderas* páginas que descubren como en corte vertical las diversas y sucesivas modalidades. Entre otras, esta página, la 36 de la primera edición: "Desde aquella altura fisgaba —Tirano Banderas—la campa donde seguían maniobrando algunos pelotones de indios, armados con fusiles antiguos. La ciudad se encendía de reflejos sobre la marina esmeralda. La brisa era fragante, plena de azahares y tamarindos. En el cielo remoto y desierto subían globos de verbena, con caudal de luces. Santa Fe celebraba sus fiestas otoñales, tradición que venía del tiempo de los Virreyes españoles. Por la

---

(1) "Tirano Banderas". Artículo publicado en *El Universal,* de México; reproducido en *Repertorio Americano,* 2 de abril de 1927.

conga del convento, saltarín y liviano, con morisquetas de lechuguino, rodaba el quitrí de Don Celes. La ciudad, pueril ajedrezado de blancas y rosadas azoteas, tenía una luminosa palpitación, acastillada en la curva del puerto. La Marina era llena de cabrilleos, y en la desolación azul de la tarde encendían su roja llamarada las cornetas de los cuarteles. El quitrí del gachupín saltaba como una araña negra en el final solanero de Cuesta Mostenses..." Vagos reflejos delatan la presencia no muy lejana de algunos efectos descriptivos y líricos que ya estaban en las *Sonatas*. Mucho más perceptibles, repercuten inequívocos los sones marciales y épicos de *La guerra carlista*. Las *Comedias bárbaras* están representadas en el brío de la dicción. Se hace notar también la deformación grotesca de las farsas y de los anteriores esperpentos. Hasta sus últimas consecuencias, esperpéntica es la visión del mundo y sus criaturas en *Tirano Banderas*. Valle-Inclán se asoma, con su héroe mismo, a la ventana que en más de una estampa sirve de miradero a Tirano Banderas.

"Desde la remota ventana, agaritado en una inmovilidad de corneja sagrada, está mirando—Tirano Banderas— las escuadras de indios, soturnos en la cruel indiferencia del dolor y de la muerte. A lo largo de la formación, chinitas y soldaderas haldeaban corretonas, huroneando entre las medallas y las migas del faltriquero, la pitada de tabaco y los cobres para el coime. Un globo de colores se quemaba en la turquesa celeste, sobre la campa invadida por la sombra morada del convento. Algunos soldados, indios comaltes de la selva, levantaban los ojos. Santa Fe celebraba sus famosas ferias de Santos y Difuntos. Tirano Banderas, en la remota ventana, era siempre el garabato de un lechuzo..."

También se asoma Valle-Inclán, repetimos, a esa ventana—que es la ventana simbólica del esperpento—para mirar con ojos que lo estilizan todo el mundo de agrias luces y tonos chillones que se reflejan en *Tirano Banderas*, novela de Tierra Caliente y de sol literario en plenitud.

## 20

# VEJAMEN DE LA ESPAÑA ISABELINA

*L*A *Corte de los milagros* y *¡Viva mi dueño!* son los dos primeros tomos de una trilogía, *Los amenes de un reinado,* que Valle-Inclán proyectaba incluir, con una segunda y tercera series—trilogías también, *Aleluyas de la Gloriosa* y *La restauración borbónica,* respectivamente—, en un ciclo novelesco llamado *El ruedo ibérico.*

La *Corte de los milagros* aparece en 1927; *¡Viva mi dueño!,* en 1928; ambos libros, de traza novelesca;.novelas, en definitiva, cargadas de historia y resueltas de acuerdo con el criterio estético y técnico propio del esperpento. Ya apuntaba en gran parte de los esperpentos anteriores el mismo siglo XIX, que, perfectamente concretado en formas históricas, daría inspiración, contenido, pulso, a todas y cada una de las páginas de *El ruedo ibérico.* Y esto no tanto por que el siglo XIX se preste más que otra cualquier centuria a la deformación caricaturesca, como por que su proximidad a nuestro tiempo deja ver rasgos y detalles que fácilmente se perderían en la honda perspectiva de la Historia lejana, que es, a no dudarlo, la gran Historia. La Historia contemporánea arrastra mucha murmuración, puesto que no hay tiempo aún de depurar chismes y cuentos, necesitados del alambique que el transcurso de los años suministra, y los hombres que asumen los primeros papeles en la representación a que todos asistimos desde muy cerca son juzgados, pese a la gloria que les pueda envolver, según la norma interesada, resentida o suspicaz de sus ayudas de cámara. Pero es incuestionable que existen siglos llamados en el orden literario a la octava real o a la novela de esta o aquella clase, mientras hay otros para los que no se halla indicado mejor tratamiento que la sátira o la caricatura. Aunque esta labor sea facilitada por la contigüidad, que hace más visibles los defectos que las cualidades, bien puede descubrirse en el xix una singular virtud de adaptación a interpretaciones que oscilan entre la tragedia y la bufonada; siglo aquél de típica contradicción y romántico desorbitamiento; siglo en que se rompe la lógica relación de causa a efecto, engendrando lo grande, con expresiva frecuencia, realidades de ínfima condición, y ganando lo mezquino, por su propensión a hincharse, una extraña magnitud; siglo desnivelado y ruidoso, de poderosa vitalidad y característica inclinación al espectáculo; *mare magnum* de cien años sorprendentes, quietos o tormentosos, por bruscas transiciones, en que tanta graciosa espuma y tanta gallarda ola cubren senos desiguales de horror, ilusión, crítica, ímpetu, fracaso. El propio romanticismo en las letras y en la vida, ¿no es puro esperpento?... ¿No hay mucho esperpentismo, *avant la lettre,* en *El diablo mundo* y aun en *Don Juan Tenorio...?*

El contraste es la ley natural del esperpento, y nuestro siglo XIX proporciona materia más que bastante para que Valle-Inclán no experimentara la necesidad de inventar perfiles grotescos ni de forzar demasiado la línea real de sus modelos. La caricatura está implícita en las crónicas mismas de la época: en discursos, en artículos, en folletos, en coplas, pasquines y carteles. Valle-Inclán amplía el procedimiento hasta encartar en él todo el tiempo acotado por estas novelas iniciales de *El ruedo ibérico,* alusivas a las postrimerías del reinado de Isabel II. Valle-Inclán logra una patente unidad de visión y estilo, asistido por su poderosa intuición histórica y por su extraordinaria virtud de creador literario. La verdad le falla en algunos detalles o incidentes, deliberadamente falseados, pero no del todo. Lo que el autor inventa o modifica, amparado por su fuero de artista, se nos muestra con el mejor de los sustitutivos a este respecto: la verosimilitud, que basta cuando es determinada por la lógica de caracteres y situaciones. Es así, por ejemplo, como Valle-Inclán idea y realiza en *¡Viva mi dueño!* una entrevista de Prim y Cabrera, que literalmente no parece que se realizase jamás, pero que ambos tantearon, buscando, por mediación de amigos, una posible inteligencia que zanjara el pleito de la restauración monárquica. En *¡Viva mi dueño!,* el General de la revolución y el de la resistencia tradicionalista hablan como realmente lo hubieran hecho, de producirse el diálogo frente a frente: "El General Cabrera se declaraba por Don Juan de Borbón; el General Prim ponía la mirada en Don Carlos... Ninguno de los dos se engañaba: por igual se veían las intenciones..." El Don Carlos por Prim apetecido debería dar un Manifiesto en sentido constitucional. El Don Juan que Cabrera deseaba era el Rey legítimo, y, precisamente por serlo, su hijo no podía ni debía representar nada en contra. Hay en Valle-Inclán un prurito de exactitud, de veracidad, de reconstrucción verosímil, que no se nota tanto en obras suyas, como *Farsa y licencia de la Reina castiza,* antecedente de *El ruedo ibérico,* por el tema más que por la realización. Cuanto se relaciona con las idas y venidas del cubano Fernández Vallín, agente del Duque de Montpensier, que poco después habría de ser fusilado en Montoro, está concebido en historiador atento a toda suerte de documentos, empezando por el humano. De igual modo, por citar otro ejemplo, trae Valle-Inclán a colación el amor que Rafaela Quiroga —la luego famosa Sor Patrocinio—inspirase a Olózaga en los días de su azarosa juventud. Ese prurito de histórica lealtad a lo pasado o presentido llega, incluso, en Valle-Inclán a la transcripción de un documento como el bando, verdaderamente feroz, de Prim en su etapa de Capitán General de Puerto Rico. Alardea Valle-Inclán de sus fuentes como el pintor de vanguardia, que gustaba de incorporar a sus cuadros algún trozo de realidad, papel o trapo, con su auténtica crudeza; no como el erudito, que almacena sus puntuales referencias en notas y apéndices documentales. Salvo los casos en que por expreso designio aflora el cabal conocimiento histórico de Valle-Inclán, su información va por dentro, en lo que se parece a Galdós, cuyos *Episodios Nacionales* transmiten al lector la impresión directa del pretérito bajo especies de realidad experimentada y vivida. La diferencia, ciertamente profunda, entre los dos grandes intérpretes del siglo xix en España, no radica en el modo de percibir y rehacer la Historia, sino en su manera de expresarla, como corresponde a las contrapuestas estéticas de Galdós, realista, y Valle-Inclán, fantaseador.

No obstante las buscadas estilizaciones de Valle-Inclán, las criaturas de *El ruedo ibérico* revelan su calidad humana. El autor las confiere, gustoso en toda clase de transmutaciones y sorpresas, una libre configuración literaria que absorbe esencias de tipo histórico y humano. No importa que, ante todo, nos haga ver lo que los personajes tienen de muñecos, porque no tardaremos en sentir el latido de sus recatados corazones: sólo que el autor no nos lo dice; nos deja que lo sintamos por nuestra cuenta a lo largo de la narración. Doña Isabel—frondosa, rubia y herpética—es una pepona. Don Francisco de Asís, una marioneta. El Marqués de Torre-Mellada—un Grande de España a lo Fernandito Villamelón, el de *Pequeñeces*—entra en una de las escenas "con respingo de fantoche". Un inglés, que vende Biblias, se produce en otro pasaje con "grotesca articulación de loro"; González Bravo es "un buho con pañosa azul y chistera ladeada". Un criado de librea ostenta "pechuga de papagayo...". Si casi siempre pensamos en equivalencias de Goya, en ocasiones nos posee el recuerdo, gracioso y jovial, de Walt Disney. El autor está seguro de que sus personajes, con unas u otras formas, más o menos deshumanizados, sostendrán su personalidad mediante una suma economía de elementos expresivos, y a veces se limita a definirles en virtud del juego huidizo de sus propias siluetas, como en uno de los cuadros—todos breves—de "la jaula del pajarito", en *La Corte de los milagros*. A saber: "El cautivo no se movía. Asustado, miraba en la pared el tumulto de sombras, el guirigay de brazos aspados, ruedos de catite, mantas flotantes, retacos dispuestos. Intuía el sentido de una gesticulación expresiva y siniestra por aquel anguloso y tumultuoso barajar de siluetas recortadas. La sota de copas, ronca de la disputa, bebía de una pellejuela. La de espadas, inscribía en la pared los ringorrangos de un jabeque. El cautivo temblaba con el cartapacio sobre las rodillas: alarmas y recelos le sacudían; batallaban sensaciones y pensamientos en combate alucinante, con funambulescas mudanzas, y un trasponerse del ánimo sobre la angustia de aquel instante, al pueril recuerdo de caminos y rostros olvidados. Sentíase vivir sobre el borde de la hora que pasó, asombrado en la pavorosa y última realidad de transponer las unidades métricas de lugar y de tiempo a una coexistencia plural, nítida, diversa, de contrapuestos tiempos y lugares. Fuera, se remontaban azorados ladridos; cacareaba, puesto en vela, el gallinero; zamarreaban con relinchos y coces los caballos atados bajo el cobertizo. Crujía la techumbre. El preso volvió la cabeza: acicateados en una ráfaga, contrahechos en una sombra sin relieves, los bandidos se salían por la puerta..." Esta página españolísima no contradice otras, en que D. Ramón recurre a las aventuradas imágenes puestas en moda por los *ismos* del día. En *¡Viva mi dueño!* se lee, por ejemplo: "Noche de Madrid: clara arquitectura de estrellas. El circo del Príncipe Alfonso apaga sus luces y asaltan la acera todos los árboles de Recoletos. El tumulto de pregones, esparcido en rebatiña, rueda por la plaza de la Cibeles. El carro de la diosa, retenido en su cláusula de cristal, galopa sobre el cielo invertido de la noche." O en *La Corte de los milagros:* "La locomotora, sudada de aceites, despide borregos de humo..." Pero ¿no hay mucha tradición en esa agilidad a lo Quevedo o, de otra manera, a lo Góngora, con que el autor pasa de la expresión directa, fruto de normales observaciones, a la metáfora más intrépida?...

.  Personajes de probada existencia histórica se mezclan con otros enteramente imaginarios en uno de esos fondos tumultuosos, rayados de picardía y épica, a que tanto se inclina el gusto de Valle-Inclán. Predominan las gentes de vida irregular: "chulos parásitos, jaques marchosos y aristócratas tronados"; secuestradores y cuatreros, tahures, hampones de todo jaez, aventureros de mínima estofa... La intervención de la Guardia civil o de la Policía es frecuente, y la vida en los campos de Andalucía o la Mancha no parece más limpia y sana que la de Madrid; aquí, intriga, desvergüenza, corrupción; allá, degradación, brutalidad, violencia. Las luchas sociales no interesan a Valle-Inclán, sino por su lado pintoresco y en cuanto son capaces de inspirarle el "cartel de feria" que cubre el libro quinto de *¡Viva mi dueño!,* realizado en los tonos chillones de una estampa de *La Lidia,* y con el agrio detalle de un cuadro de Solana. Por cierto, que no deja de ser curiosa visión de Andalucía la que Valle-Inclán presenta a través de Córdoba, ciudad que interesó a los escritores del 98, por excepción, ya que sus preferencias en cuanto a Geografía literaria iban hacia Castilla, el País Vasco y Levante. Recuérdese, *verbi gratia, La feria de los discretos,* de Pío Baroja, donde aparece una Córdoba falseada, insegura. Valle-Inclán, por su parte, no tiene mucha seguridad en el terreno que pisa: alguna vez lo sentimos despistado, y el paisaje, lejos de resolverse en formas específicamente meridionales, reproduce, sin apenas variantes, el panorama literario, precisamente valle-inclanesco, de tantas otras ficciones: "Salía el jinete del olivar, sesgando la campa de barcinos almiares: oteaba la casona del señorío cercada de cipreses y naranjales; el vasto vuelo de aleros, el torreado de chimeneas; la portalada tenía soles de mañana: era luminosa con su retablo de escudos y rejas..." Notamos nuestro extravío en este o aquel camino del Sur, aunque el autor pretenda orientarnos con la gitanería que ampliamente moviliza. Pero estos gitanos de *El ruedo ibérico* traicionan su caló con la jerga de los barrios bajos de Madrid. En realidad, quien habla a todo evento es el autor, y su presencia en diálogos, situaciones y escenarios imprime a todo el sello inconfundible de la creación literaria.

A pesar de la trasmutación estética, la Historia, novelada por Valle-Inclán, da impresión de persuasiva realidad, y ya que no puntuales fotografías—no tenían por qué serlo—, son libres interpretaciones pictóricas los cuadros de reducido tamaño, pero de intensa vida, que Valle-Inclán ordena a lo largo de *La Corte de los milagros* y *¡Viva mi dueño!*, arrancando de las solemnidades palatinas con que fué celebrada la concesión por Pío IX a Isabel II, de la Rosa de Oro. Los saraos y fiestas aristocráticas, como las que tienen por lugar de acción el palacio de Torre-Mellada; las tertulias del Café Suizo, del Ateneo de la calle de la Montera o del Casino de la carrera de San Jerónimo; escenas de tren, mesón, cortijo, cacería o covachuela; una función de gala en "Los Bufos", de Arderíus; el entierro del General Narváez; una sesión del Congreso, bajo la presidencia de Sartorius; la manifestación de Generales unionistas en el Prado; la redacción del *Gil Blas;* cámaras, saletas y galerías de Palacio; la calle de Alcalá en tarde de toros; Bayona con la nostalgia y la ilusión de los emigrados; la Corte de Don Carlos en Gratz; los esponsales de la Infanta Isabel y el Conde de Girgenti; fondos múltiples en que recortan su silueta el Infante D. Sebastián, Marfori, Julián Romea, Rivero, Ulloa, tantos y tantos más... La emoción de lo vivido, por deshumanizado que esté, late en esas páginas, compuestas con adecuado y perfecto estilo. El lenguaje del autor llega a su máxima riqueza, y la sintaxis, dócil—y, si se quiere, achicada—, bajo la disciplina ortográfica de los frecuentísimos dos puntos, adquiere una absoluta nitidez y suelto movimiento. Es rápida la anotación de los datos que interesan, obteniéndose el resultado de que nada sea superfluo ni insuficiente, a la mejor manera de las acotaciones teatrales: "Plazuela del Congreso. Jardinillo municipal. El Manco divino, que cobra perenne alcabala del ruedo manchego, hace un punto de baile, en calzas prietas, ante el templo de las leyes. Rinconete y Cortadillo, al pie del pedestal, juegan a la uña alfileres y formillas... Ondea el pabellón nacional. Clausura de Cortes. Simones y carruajes oficiales: galones, escarapelas, aguardentosas bufandas, viseras aburridas: esbirros de capa y garrote toman el sol por las esquinas, sostienen los faroles..." No falta nunca el adjetivo de intención peyorativa, ni el nombre que mejor cuadre al aspecto desagradable de las cosas, ni la frase acre, de zumba áspera, que recalque el sentido grotesco de un tipo o de una escena, no obstante la solemnidad propia de la Historia, en trances que imponen respeto o admiración a plumas y pinceles: "En el banco azul, el retablo ministerial. Uniformes y cruces, levitas y calvas. El Conde de San Luis dormita en la Presidencia: velan a los costados anacrónicos bigardones con porras de plata y dalmáticas de teatro... Un secretario lee, y nadie se entera. Los señores diputados desvalijan sus pupitres de plumas, de papel y de obleas... La Soberana de dos mundos, corona y cetro, manto de armiño, vuelos de miriñaque, guipures y céfiros, luce sus opulentas mantecas, en una roja sinfonía de sombras, bajo el doselete de la Presidencia: empopada de joyas y bandas, asoma el pulido chapín por la rueda del miriñaque, entre los cabezudos leones del trono..."

Si las fórmulas del estilista dan en las novelas de *El ruedo ibérico* su mayor y mejor rendimiento, no ocurre así con la receta del novelista, que raramente despacha el interés peculiar de las narraciones bien sostenidas. *La Corte de los mi-*

*lagros* y *¡Viva mi dueño!* se pueden leer sin orden o a caprichosos saltos, puesto que no existe un asunto que gradúe sucesivamente sus efectos, espoleando la curiosidad con lo que puede pasar después. Los episodios, distribuídos en capítulos muy cortos, viven por sí solos y no los enlaza otra cosa que el vínculo de una común preocupación revolucionaria: el anuncio de que viene la Niña. Se respira, efectivamente, un ambiente de extraordinaria subversión en esas postrimerías del reinado de Isabel II: cuando la revolución inminente constituía una necesidad más que una ilusión.

"Y usted, ¿por qué es revolucionario?", le pregunta la Marquesa Carolina a D. Adelardo López de Ayala, que abría la pompa de gallo polainudo en el estrado de las madamas. "Por decoro, querida Marquesa", contesta el político y poeta. "¿Sin esperanza en la Revolución?", vuelve a preguntar la señora. "Lo que puede esperarse de un barrido en una casa vieja", responde el caballero." No pocos síntomas del estado revolucionario por el que pasó la España de 1868 resurgen sesenta años más tarde en la España que a todo trance quería volver a derribar el Trono y a instaurar —contumacia tremenda—una segunda República. También Valle-Inclán quería, como D. Adelardo López de Ayala, el barrido de la casa vieja, sin presentir las olas de espantable suciedad que habrían de abatirse sobre la desconcertada Patria. Hay pasajes en *El ruedo ibérico* escritos con el ánimo predispuesto al comentario de lo presente, confundiéndose los "amenes" del reinado de Isabel II con los del de Alfonso XIII. Valle-Inclán se había dejado llevar, a la vez que él mismo arrastraba a otros, por la pendiente que haría caer a España en el 14 de abril de 1931. No procedió así, ciertamente, nuestro viejo amigo el Marqués de Bradomín, que reaparece en *La Corte de los milagros,* dueño de su elegante gesto y tradicionalismo de buen tono, en actitud de galante melancolía, para dar a la obra de Valle-Inclán un irrecusable testimonio de continuidad. Todavía Bradomín gustaba de los coloquios de amor en jardines de traza dieciochesca, y lo vemos en *¡Viva mi dueño!* alejarse de la ciénaga política de Madrid para buscar, a la luz plateada de Vasconia, el camino de nuevos servicios al Rey proscrito. Valle-Inclán, por el contrario, se zambulló en las aguas pestilenciales de las que emergería la segunda República: una República cuyo advenimiento hubo de significar algo muy parecido al suicidio colectivo de un pueblo. No faltó el empujón dado por muchos y significados monárquicos, desde ex ministros de la Corona, con sus discursos y conspiraciones, hasta los alabarderos mismos, con su voto. No extrañe demasiado que Valle-Inclán colaborase, tan exasperable como era en sus malos humores. Con su palabra y con su pluma ayudó al desprestigio de la dinastía más que al de la institución, y repartió por las tertulias de los cafés de Madrid el explosivo de frases y coplas, que corrieron de mano en mano y de boca en boca. Había en él un afán como de aturdirse con excesos verbales para substraerse a íntimas preocupaciones: divergencias familiares que irían a más; agravación del padecimiento a la vejiga que D. Ramón venía sufriendo con entereza, pero no sin justificada aprensión; apuros económicos que volvían con recrudecida angustia... No puede Valle-Inclán publicar libros nuevos, porque le domina la idea de *El ruedo ibérico* y ha de preparar—leyendo mucho—los volúmenes que seguirán a *La Corte de los milagros* y *¡Viva mi dueño!* Pero agrupa—estamos en 1930—algunas obras anteriores—que no estaban aún incorporadas a su *Opera Omnia*—en dos tomos: uno de versos, con *Aromas de leyenda, El pasajero* y *La pipa de kif,* bajo el título *Claves líricas,* y otro de esperpentos, con *Las galas del difunto, Los cuernos de Don Friolera* y *La hija del capitán,* relacionados por la intención sarcástica cifrada en la rúbrica común: *Martes de Carnaval.*

Llegando Valle-Inclán, fuera de sí, el 14 de abril al Ministerio de la Gobernación en pos de los hombres del Gobierno provisional de la República para pedirles a grito pelado que el Rey no escapara de la "justicia del pueblo", representaba el esperpento de sí mismo y de muchos más: de aquella parte de España en que revivían días isabelinos de peligrosa embriaguez, larvada criminalidad y alarmante bobería. Los bajos fondos salieron al exterior y la plebe se entregó a la tarea, penosamente grotesca, de vestir con torpe alegría la tragedia de que tantos, en una u otra forma, acabarían por ser víctimas.

## 21

## DESENLACE

No se apresuró Valle-Inclán a pasar su cuenta a la República, entre otras razones, porque no estaba seguro de continuar sirviéndola. Era suficiente que la República imperase en España para que Valle-Inclán se sintiera lanzado a la oposición. Estaba dispuesto a combatirla desde cualquier punto de vista. Su frente de ataque era amplio y ondulante, rico en argumentos para todos los gustos o necesidades de la polémica, como cumplía a su espíritu de contradicción. Discutiendo con el republicano conservador, Valle-Inclán exaltaba el ímpetu revolucionario de la República; con el republicano de extrema izquierda, Valle-Inclán abominaba de un régimen que carecía de prudencia y autoridad. Le hubiera gustado evidentemente ser diputado de las Cortes Constituyentes; pero nadie le brindó una de aquellas actas que con tanta largueza fueron regaladas a cierta gente de pluma. También le hubiera complacido ser Embajador en algún país hispanoamericano; pero tampoco hubo quien creyese en la capacidad diplomática de D. Ramón. Lo menos que pudo hacer la República por Valle-Inclán, necesitado, sin duda, de que el presupuesto le tendiera la mano, aunque él nada pidiese, fué nombrarle—en 29 de enero de 1932—para un cargo que le estaba en cierto modo indicado, por ser más de iniciativa personal que de gestión burocrática: el de Conservador general del Patrimonio Artístico Nacional. Con todo, era imposible que Valle-Inclán, en el desempeño de su función, no chocase con alguien, y fué con el Ministro de Instrucción pública, su jefe inmediato, como cabía prever.

No dejaba de dar el Gobierno de la República muestras de despreocupación por los tesoros del arte nacional, y aun, en determinados casos, de acción vandálica, con culpas, cuando menos de segundo grado, dada su complacida inhibición, ante los desmanes de la plebe incendiaria. Por otra parte, la Administración adjudicaba al Ministerio de Hacienda el conocimiento de las cuestiones relativas a los bienes que habían sido de la Corona, empezando, claro está, por el Palacio de Oriente y siguiendo por los Sitios Reales, monumentos de piedra o de florido verdor, que interesaban a Valle-Inclán de modo especial. Por ahí vino el motivo de la dimisión. Valle-Inclán se fijó singularmente en el Palacio de Aranjuez, que quiso reorganizar en verdadero Museo, y como recordase el quebranto causado por el fuego años hacía en el Palacio de La Granja, propuso la instalación en aquél de un oportuno servicio de incendios. Sobrevinieron choques de jurisdicción y el silencio del Ministro de Instrucción pública a las comunicaciones de Valle-Inclán, quien se dolió también de "la forma cavernaria" en que se realizaban las visitas del público, concretamente, a la Casa del Labrador. Alegó, para evitar que el régimen de puerta abierta aumentase los daños ya ocasionados, "la fragilidad de cuanto se encierra en aquel pequeño Museo, su disposición y lo reducido de sus estancias". Y añadía en la misma comunicación: "Como quiera que las caravanas turísticas y gratuitas amenazan continuar en la misma forma, el que suscribe, consciente de las responsabilidades de su cargo y de su nombre, lo pone respetuosamente en conocimiento de V. E. Otras gentes, sin responsabilidad y sin historia, nacidas a una modesta notoriedad con los primeros soles republicanos, pueden silenciar estos hechos y aun autorizarlos, desconociendo su importancia, pues a funcionarios del orden político-administrativo no hay razón para pedirles ni sensibilidad ni cultura estéticas..." No tuvo Valle-Inclán contestación alguna, y, en su consecuencia, presentó la dimisión. Intentó el Ministro disuadirle, pero al mismo tiempo que Valle-Inclán recibía la carta en tal sentido, supo que se abría una información acerca de un proyecto de ley sobre protección al Tesoro Artístico Nacional, sin dar audiencia, siquiera fuese por cortesía, al Conservador general del Patrimonio. Y abandonó el cargo, en definitiva, explicando en una carta abierta al director de *El Sol* (1) las causas y tramitación de lo ocurrido y anunciando su propósito de marchar a América, no a Valparaíso

---

(1) Publicada en el número correspondiente a 26 de junio de 1932.

como alguien dijo, sino a Río de Janeiro. Claramente apunta el humor, el mal humor, de Valle-Inclán, amargado, en este párrafo final de la carta de referencia: "Responde igualmente a una verdad, que repetidamente he formulado entre mis amigos, la repulsa a todo pésame oficial, si está escrito que acabe de morirme por aquellas tierras..." Se expresaba así Valle-Inclán cuando convalecía de una intervención quirúrgica que la exacerbación de su mal a la vejiga hizo necesaria y que hubo de serle practicada por el doctor Salvador Pascual, médico que tanta fe inspiraba al paciente como afecto de íntimo amigo.

A despecho del sueldo que perdía, sin esperanzas de lograr otro y de la difícil situación en que su mal estado de salud contribuía a dejarle, Valle-Inclán estaba decidido a romper con la República. También él llegó a decir: "No es eso, no es eso..." Pero ¿cómo era la República que Valle-Inclán había apetecido?... Nada tan difícil como ajustar a una línea de trazo continuo el pensamiento a saltos de Valle-Inclán. Por ejemplo: en la misma interviú—con un redactor de *El Sol,* en 20 de noviembre de 1931—en que D. Ramón recusa al partido socialista por su clasismo, propugna una dictadura "como la de Lenín". Pero junto a incongruencia semejante, no falta un punto en el que gustaba de insistir, con rara consecuencia: oposición al régimen parlamentario. Y no falta tampoco otro punto en el que Valle-Inclán se situó siempre para entender la Historia de España y descubrir las fuentes de su propio arte: Roma. Al ser preguntado sobre el problema de los regionalismos, contestó que lo veía del siguiente modo: "Con mi teoría de siempre: Hay que integrar el espíritu peninsular como fué concebido por los romanos. Es lo acertado. Dividir la Península en cuatro departamentos: Cantabria, Bética, Tarraconense y Lusitania... Dividida la Península en cuatro departamentos, podría hacerse una altísima confederación de mares, y por el Pacífico y Acapulco reanudar el gran comercio con el Extremo Oriente, a base de Filipinas. ¡Pero si es lo eterno! Lo eterno es el pensamiento, la ética y la estética peninsulares..." Y después de afirmar que "lo único que mantiene entre los hombres la unidad es el verbo de comunicación", pasó a sus juegos, paradojas y arbitrariedades habituales. Pero verdaderamente el abolengo clásico, latino, de España constituía su preocupación fundamental, y sobre ella volvió, meses después, al brindar en el banquete con que fué obsequiado en el Palace Hotel, de Madrid, en atención al éxito de sus últimos libros, en desagravio a que la Academia Española le niega el Premio Fastenrath y en muestra de recrudecido afecto ante su cese en el cargo de Conservador general del Patrimonio Artístico: "España—dijo entonces—tiene como las monedas, dos caras: una, romana e imperial, y otra, berberisca y mediterránea. España va a América como una hija de Roma; pero lleva también la faz berberisca y mediterránea. Como hija de Roma, lleva allí la lengua, establece un cuerpo de doctrina jurídica y funda ciudades. En la hora presente se quiere volver al bárbaro berberismo mediterráneo. Es necesario que volvamos la medalla y no tengamos más que una faz: la que nos hace hijos de Roma." Antes había explicado por qué no quiso ser un escritor regional: "He querido ser uno más de los escritores castellanos." Y no pudo por menos de recordar a los cien millones de hombres y a las veinte naciones que hablan una misma lengua (1).

En su desamparo económico, Valle-Inclán pensó en marchar a América. La quiebra de la C. I. A. P. le había dejado sin editor; con otros estaba reñido; carecía de dinero para publicar por su cuenta los volúmenes—que pensaba ultimar cuanto antes, acicateado por la necesidad—de *El ruedo ibérico*. Anticipó *Vísperas septembrinas* en el folletón de *El Sol*—1932—, ya que resistía cuanto le era dable a la colaboración mediante artículos; pero acabó por rendirse a este sistema de trabajo, llegado que fué el momento de máximo ahogo, aceptando un buen contrato del diario *Ahora* (2). De terrible prueba fué para Valle-Inclán el segundo semestre de 1932 y primeros meses de 1933. Tanto, que su carácter

(1) Análogos conceptos desarrolló Valle-Inclán en la conferencia dada, sobre "Capacidad del español para la Literatura", en el Casino de Madrid, la noche del 3 de marzo de 1932.

(2) En 12 y 19 de marzo de 1933 publicó dos artículos que por ser continuación uno de otro tuvieron el mismo título: "Correo diplomático." Cesó la colaboración al marchar Valle-Inclán a Roma, reanudándose a su regreso, con cierta asiduidad. Cultivó en estos artículos, sobre todo, temas históricos del siglo XIX. Al libro del Conde de Romanones, *Amadeo de Saboya,* dedicó cinco artículos, publicados en los números correspondientes a 26 de junio, 1.º, 11, 19 y 25 de julio de 1935, y prolongó sus comentarios a la época de aquel Rey, estudiando la figura de Paúl y Angulo en cinco artículos, publicados, respectivamente, los días 2, 12, 16 y 28 de agosto y 20 de septiembre de dicho año.

Otra colaboración de Valle-Inclán en esta época fué la concertada con la revista *Blanco y Negro;* pero sólo publicó la poesía "Réquiem", en el número correspondiente a 30 de octubre de 1932.

conoció flexiones que en él no se hubieran sospechado jamás. El pudor de su pobreza, que había sentido siempre, se mudó en ostentación, en piedra de escándalo lanzada contra un régimen que le dejaba en la calle, forzándole al camino del asilo o de la emigación. Desquiciado, llevó la literatura de sus esperpentos a cartas confidenciales, como la siguiente, fechada en 27 de julio de 1932, a un antiguo amigo: "Mi querido C.: Recibí su buena carta. Estoy abrumado. Ayer empeñé el reloj. Ya no sé la hora en que muero. Como tengo que cocinar para los pequeños, el fogón acaba de destrozarme la vejiga. Ni salud ni dinero, y los amigos tan raros. Por eso le agradezco doblemente su carta. Si en mi experiencia, desengañada, ya no puedo acogerme a ninguna esperanza, me trae un consuelo. No crea usted, sin embargo, que me desespero. Yo mismo me sorprendo de la indiferencia con que veo llegar el final. He convocado a los hijos y les he expuesto la situación. También ellos tienen el alma estoica. Les he dicho: "Hijos míos, vamos a empeñar el reloj. Después de comernos estas cien pesetas, se nos impone un ayuno sin término conocido. No es cosa de comprar una cuerda y ahorcarnos en reata. No he sido nunca sablista y quiero morir sin serlo. Creo que los amigos me ayudarán, cuando menos para alcanzaros plazas en los asilos. Yo me acogeré al Asilo Cervantes. Allí tengo un amigo: D. Ciro Bayo." Como pequeños héroes, se tragaron las lágrimas y se han mostrado dispuestos a correr el temporal sin darle demasiada importancia. En rigor, no la tiene, y si alguna vez yo se la he dado, es porque me salgo del hecho cotidiano de una familia sin recursos, con el padre enfermo. Tal dolor vulgar, repetido a diario, no merece sacar el Cristo de mi nombradía literaria. Esta condición mía acentúa el episodio, dándole importancia; pero eso es ante la opinión ajena, no para mí. Lo que más me obsesiona es el pensamiento de no poder morir tranqui lo: ver llegar despacio la muerte en las tardes serenas. Cerrar para siempre los ojos, sin que en el ínterin me aflija e inquiete por carecer de algún dinero. Escríbame, querido amigo. Siempre suyo..."

No cabe expresión más histriónica de una angustia verdadera. La soberbia convertía a Valle-Inclán en un personaje que, literariamente, recreaba su propio caso, haciendo de una supuesta humildad, orgullosa afectación. Del resentimiento apenas si le separaba un paso, y lo dió, cayendo del lado a que se inclinaba de tiempo atrás: Valle-Inclán se adhiere a la Asociación de Amigos de la Unión Soviética y al Congreso de Defensa de la Cultura, reunido en París, órgano de bolchevización. ¡Tanto pensar en Roma para caer en Moscú!... Pero estaba escrito que, con referencia a Roma, le llegase a Valle-Inclán, en forma de credencial, el remedio que levantara su ánimo. En 8 de marzo de 1933 es nombrado director de la Academia Española de Bellas Artes en Roma. Laboriosa tramitación la de este nombramiento, que habría de hacerse a propuesta de determinadas entidades oficiales. Según suben o bajan las posibilidades de buen éxito en su candidatura, Valle-Inclán se ocupa, con más o menos empeño, de su viaje a América. Deja de pensar en irse al Brasil, que le había tentado a través de Alfonso Reyes, Embajador de

270

Méjico en Río de Janeiro, para decidirse por Méjico mismo, cuyo ambiente le era enteramente conocido. El Embajador en Madrid de los Estados Unidos mexicanos, Jenaro Estrada, traslada a su Gobierno los deseos de Valle-Inclán y éste recibe las seguridades de un cargo bien retribuído allí y, desde luego, de un pasaje para él y sus hijos. Pero ya parecía prejuzgada la provisión en Valle-Inclán del cargo en Roma antes aludido. Le proponen el Consejo de Cultura y el Patronato del Museo de Arte Moderno, frente a Victorio Macho, propuesto por el Museo del Prado, y a Teodoro de Anasagasti, por la Academia de Bellas Artes de San Fernando. Muy oportunamente sobrevenía esa designación. No era sólo que Valle-Inclán necesitase con urgencia la inyección vitalizadora de un sueldo. Era también que el ejercicio de su nueva función le imponía un cambio de aires, tan saludable para el cuerpo como para el espíritu. Justamente una agravación de su dolencia le tenía en el Hospital de la Cruz Roja, de Madrid, cuando recibió el nombramiento. Y desde el 19 de diciembre anterior estaba consumada judicialmente su separación de Josefina Blanco. El pleito conyugal continuaría su tramitación. Aludiendo a ésta, escribía D. Ramón al autor de este libro: "Antes que el fallo de los señores del margen, me llegará el fallo de Dios." Valle-Inclán se sentía incurablemente triste; pero el estado de exasperación en que zozobrara su moral cedía a la ilusión tonificadora de un viaje a Roma, con el palacio de San Pietro in Montorio, entre jardines, por estación terminal, y una grata misión de docencia estética por motivo.

El 19 de abril se posesionó Valle-Inclán de la dirección que le fuera conferida. Se había llevado consigo una cocinera de Madrid, para seguir comiendo a la española. ¡Si le hubiera sido también posible llevarse en la maleta a la calle de Alcalá, con cafés y amigos!... Como no conocía a Roma, todo le atrae y sorprende, consumiendo la jornada en una fervorosa divagación por la ciudad, a su caprichosa manera de siempre. "Todavía no he visitado ningún Museo, ni templo, ni ruina—escribe el día 27 al doctor Salvador Pascual—. Veo la ciudad por fuera. Es algo maravilloso y único. Toda la historia de una civilización de dos mil años." Pero algo más ha visto Valle-Inclán: renacer su propio espíritu al conjuro de nociones recuperadas. Y sigue diciendo: "Lo realizado por Mussolini me tiene asombrado y suspenso. Junto a una furia dinámica, colmada de porvenir, el sentimiento sagrado de la tradición romana. Recientemente se ha abierto una Vía—la Vía Impero—que avista las más insignes ruinas de la latinidad. Decoran esta Vía cuatro estatuas de bronce traídas del Museo de Nápoles. La de Julio César, de la más serena elegancia; la de Octavio, expresiva y de un cautivante tono verdino. La de Trajano, con una leyenda en el pedestal: *Príncipe Optimo*. Le confieso que he sentido el latido gozoso ante el bronce de este insigne cordobés *(sic)*. Vengan ustedes a Roma. Yo no he visto ni comprendo nada igual..." Son estas mismas las ideas que expone a las raras personas con quienes Valle-Inclán conversa en sus días de recién llegado. El poeta Adriano del Valle, que le visita en un viaje ocasional a Roma, ha recogido su testimonio en un artículo (1), que así transcribe las palabras de D. Ramón:

"Me place ir frecuentemente al puerto de Ostia, al mar de Roma, como le llamaban los latinos, para evocar allí el regreso de Escipión después de su victoria sobre Aníbal, por la que el Senado le sobrenombró con el título de "Africano", luego de erigirle una estatua en el Campidoglio. Hasta entonces ningún capitán había prestado a Roma servicios tan eminentes. Había liberado el suelo de Italia de una invasión que duró dieciséis años y había restablecido el signo de Roma en Iberia. Porque el gran capitán romano venció al cartaginés, hablamos hoy en España un dialecto latino, una lengua romana y no una lengua africana; porque Escipión ganó la batalla de Zama, somos católicos y no profesamos una religión de origen y liturgia negroides; nuestro Derecho es romano y no púnico. Así, en el primer siglo del Catolicismo, la lengua litúrgica es todavía griega, porque era la época del filo-helenismo, y en Roma se hablaba casi más griego que latín... Al penetrar el Catolicismo en España se señalan dos tendencias: la romana o universal, que se simboliza en Santiago de Compostela, y la nacional, que se cifra en Sevilla primero y en Toledo después.". Continúa hablando con Adriano del Valle sobre Roma, sobre la colina del Janículo, en que reside; sobre el fascismo y la tradición romana, insistiendo literalmente, o poco menos, en los términos de su carta al doctor Pascual: "¿El Fascio? El Fascio no es

---

(1) "Valle-Inclán vivió en Roma en olor de santidad fascista", artículo de Adriano del Valle, publicado en *España*, de Tánger.

una partida de la porra, como generalmente creen en España los radical-imbeciloides, ni un régimen de extrema derecha. Es un afán imperial de universalidad en su más vertical y horizontal sentido ecuménico. De las estrellas a las florecillas de San Francisco de Asís. Aquí está Roma, allá abajo, ofreciéndose a nuestra contemplación como un espléndido paradigma de mármoles gloriosamente mutilados por los siglos, con su Vía del Imperio—la obra cesárea de Mussolini—, donde se alzan cuatro estatuas ejemplares para todos los pueblos del orbe: Julio César, Octavio Augusto, Trajano y Nerva. Porque Trajano fué español, y Nerva fué elegido Emperador por las legiones hispanas y galas. Por eso también España fué Roma, como lo era todo el mundo conocido, hasta los finisterres, que se adentraban en el mar tenebroso, y si el Catolicismo logró universalidad y, junto al poder espiritual, tuvo sus imponderables geográficos, fué por que era también Roma. Porque era la voz y el brazo de Roma en un quehacer de católica liturgia. Y esta continuidad en los designios de Roma es el Fascio, hasta el punto de que si tuviera algún día realidad política aquella famosa utopía de Briand, los Estados Unidos de Europa tendrían su capitalidad en Roma, ya que todo lo moderno de Europa es lo viejo de Roma." Y acabó aludiendo, para menospreciarlos, al régimen constitucional inglés y a "la democracia de la orilla derecha del Sena"; a Indalecio Prieto y a Azaña para ponerlos en la picota de su sátira.

Hablando con españoles, ya que evadía el encuentro con italianos, para no verse en el trance de confesar que desconocía su lengua, y paseando o escribiendo, vivió Valle-Inclán sus días de Roma. La Academia le daba muy poco que hacer, y no seguramente porque faltasen proyectos que realizar a un hombre como D. Ramón, tan dado a la fantasía y al arbitrismo. Pero ¿cómo desarrollar en forma tangible lo ideado? ¿Cómo improvisar dotes de organizador?... Halló en la Academia no más que dos pensionados; aseguró que estorbaban a la ejecución de unas ciertas obras por él discurridas, y los licenció, quedando solo y en paz. Mejor dicho, sin trabajo, pero sin tranquilidad. La salud volvía a quebrantarse con la reaparición, cada vez más agravada, de su dolencia vesicular. "Aquí estoy—escribe Valle-Inclán el 26 de agosto de 1934—con una hematuria que dura ya varios días y tiene todo el aspecto de ser como la última que tuve en Madrid e hizo necesaria la transfusión para cortarla... Si la hematuria se corta por sí, me haré inmediatamente la electrocoagulación. Si, como me temo, la hematuria es rebelde, habrá que hacer la transfusión..." La enfermedad acaba por poder más que el encanto de Roma, agotado ya para la impresionabilidad de Valle-Inclán, que se deprime de día en día. No es sólo que le aquejen, renovados, grandes dolores físicos, haciéndole desear el probado tratamiento de sus médicos en España. Es que voces oscuras le hablan de la muerte al acecho. Quiere regresar a España, no en viaje de ida y vuelta, como lo ha hecho en alguna vacación (1), sino para quedarse y mejorar, si es posible; para morir...

(1) En el otoño de 1933, Valle-Inclán volvió a España, pasando en Madrid una temporada y asistiendo al estreno en el teatro Español—16 de noviembre— de su obra *Divinas palabras,* cuyo libro había sido publicado en 1920.

Un día se decide al retorno definitivo. Le llaman desde Galicia esos fantasmas de la niñez y de la primera juventud cuyo abrazo—helado y patético—anuncia el de la muerte. La vida, para cerrarse, se anuda consigo misma, actualizándose en un soplo todos los recuerdos y testimonios de la conciencia. La lógica del trance parece que se extrema cuando la fosa se abre junto a la cuna. Conscientes o no, son muchos los que para morir ceden al llamamiento de la tierra nativa y maternal, y Valle-Inclán fué, ciertamente, de los que saben salir al encuentro de la muerte allá donde la entrega, por natural, no tiene nada de rapto.

Valle-Inclán, tan madrileñizado, pasó rápidamente por la capital de España, y en marzo de 1935 ingresó en el "Sanatorio Médico-Quirúrgico para tratamiento de enfermedades del aparato génito-urinario y aplicaciones del radium", dirigido por el doctor M. Villar Iglesias, en Santiago, sanatorio donde ya había sido tratado años atrás. Difícilmente habría de someterse D. Ramón al régimen del establecimiento. Se escapaba por las noches para tomar café en el Derby o en el Español, y charlar con los amigos. A principios de noviembre se acostó para no levantarse más. Penosas horas, días, semanas, de inquietud que va serenando la certidumbre del fin. Se le oía invocar con frecuencia en sus dolores a la Virgen del Carmen. Le llegaban de Madrid noticias referentes a su pleito en lamentable curso: "No le faltan—nos escribe el 5 de diciembre—ni dolores al cuerpo ni penas al espíritu. Todo se me junta al final de la vida..." El desenlace se aproxima, y nadie más indicado que un amigo de toda la vida, Andrés Díaz de Rábago, católico muy piadoso, para sugerir a D. Ramón la necesidad de prepararse a morir. Le advierte de la presencia en la casa, de un franciscano: "Yo creo —replica D. Ramón con gesto dilatorio—que siempre he estado a bien con Jesucristo..." Como insistiera Díaz de Rábago en otra ocasión, Valle-Inclán musita: "Mañana..." Pero la muerte, servida por cáncer cruel, no tiene espera, y a las dos de la tarde del 5 de enero de 1936 se abatió sobre el pecho, desalentado para siempre, la cabeza de D. Ramón del Valle-Inclán.

# INDICE

ESTE LIBRO SE TERMINO DE
IMPRIMIR EN GRAFICAS
UGUINA EN EL MES DE
MARZO DEL AÑO 1943